매력, 스며든다

매력 —— 있는
사람이 되고픈
이들을 위한

매력, 스며든다

한수정·심희재·김진영 지음

북앤미디어 디엔터
Book&Media

추천사

매력 있는 옷을 디자인한다는 것은 결코 쉽지 않은 일입니다. 더욱이 매력 있는 사람이 된다는 것은 더더욱 어려운 일이겠지요. 이 책을 통해 매력이라는 것이 단순히 외모의 아름다움이나 치장이 아닌 자신의 말, 몸짓 그리고 서로의 관계에 있음을 한 수 배웁니다. 매력 있는 사람이 되길 원하는 이들에게 이 책을 꼭 읽어보기를 권합니다.

이상봉(패션디자이너, 홍익대학교 패션대학원 교수)

분명히 매력이 있음에도 자신의 매력을 보여주지 못하는 사람들이 이 책을 읽고 나면 달라질 것입니다. 매력은 내면의 아름다움이기에 내면의 성숙함을 가꾼다면 자신의 매력을 발산시키는 힘이 될 것입니다. 매력 있는 저자분들이 매력 있는 책을 만들어 주셔서 감사드립니다.

심혜진(탤런트, 영화배우)

과연 난 매력 있는 사람일까요? 지금까지 방송하고 인생을 살아오면서 이미지 관리를 잘 해왔다고 생각했는데 이 책을 읽으면서 내 자신을 돌아볼 수 있는 계기가 됐습니다. 자신을 꾸준히 가꾸는 일은 어쩌면 권리이자 책임입니다. 이 책을 통해 여러분도 숨겨져 있는 자신의 매력 포인트를 다시 한번 찾을 수 있길 소망합니다.

김현욱(아나운서)

인간관계뿐만 아니라 비즈니스에서 정말 매력적인 사람으로 상대의 호감을 얻어 성공하는 사회생활을 하고 나아가 성공하는 인생으로 살기 원한다면 반드시 이 책을 읽어보기를 추천합니다.

심재윤(코리아타임즈 전 국장, 현 논설위원)

방송하는 후배들과 이야기할 때마다 사람들이 너에게 호감을 느끼고 편하게 매일 질리지 않고 바라볼 수 있는 자신만의 매력이 무엇인지 찾아보라고 말하곤 합니다. 매력은 이제 사회생활의 필수 조건이자 삶을 풍요롭게 사는 기본이 된 듯합니다. 이 책은 우리가 모두 함께 알아야 할 매력의 스킬과 진심을 전해주고 있기에 기꺼이 추천하는 바입니다.

이기상(방송인, KFBA 한국방송진행자연합 회장)

이 책을 읽으면서 나는 어떤 매력이 있을까 곰곰이 생각해 봅니다. 그리고 정말 매력 있는 사람이 어떤 사람인지를 하나씩 다시 배웁니다. 무엇보다 사람을 확 끌어당기는 매력을 지닌 사람들은 어떻게 말하고 행동하고 관계 맺는지를 이 책은 쉽고 자세하게 가르쳐 줍니다.

제갈성렬(SBS 해설위원, 의정부시청 빙상팀 감독)

프롤로그

매력, 스며든다

오늘날은 사람이든 상품이든 매력이 없으면 대접받기 어렵고, 경쟁력도 떨어지는 시대이다. 또한 '나'라는 자체가 하나의 브랜드인 시대이기도 하다. 아무도 살지 않는 산속이나 무인도에서 '나는 자연인이다.'를 외치며 홀로 살 것이 아니라면 사회에서의 관계와 인연은 물론이고, 셀프 브랜딩에도 절대적 영향력을 발휘하는 자신만의 '매력' 어필에 대해 반드시 고민을 해보아야 한다. 값비싼 명품 치장이나 소유가 아닌 매력적인 몸짓, 말 그리고 관계로 자신의 가치를 높일 수 있도록 디자인해야만 한다.

예쁘고 잘 생기면 본능적으로 사람의 시선을 끌 수는 있다. 하지만 단순히 잘난 외모만으로는 부족하다. 사회생활을 하다 만난 사람 중에는 뛰어난 외모는 아니지만 어쩐지 모르게 묘하게 끌리는 사람이 있다. 사람을 끄는 힘, 즉 매력은 그 사람의 인품이나 언행들에 따라서 크게 달라진다. 가령 정서적 교감에 지대한 영향을 주는 언행은 어떤 한 사람을 매력 넘치는 사람으로 충분히 만들 수 있다.

"리처드, 나는 당신을 사랑해요. 하지만 나는 나를 더 사랑해요."

영화 〈섹스 앤 더 시티〉에서 여주인공 사만다가 남자 친구에게 이별을 통보하면서 했던 대사다. 사회적으로 성공한 사람들의 공통점 가운데 하나는 자기 자신을 사랑한다는 것이다. 자신을 사랑하고 아끼는 사람일수록 당당하고 자신감 넘치는 모습이 보이고, 그 과정에서 언어와 비언어적 요소로 그 사람의 매력은 다양하고 자연스럽게 표현된다. 그리고 그 매력은 누군가의 눈길과 마음을 주목시키고 사로잡는다. 하지만 억지로 연출된듯한 부자연스러움은 오히려 비호감이 되기 쉽다.

이 책은 어떻게 하면 여러분이 매력적인 사람이 될 수 있는지에 관해 자세하게 알려주고 있다. 방송인과 강사라는 직업의 특성상 많은 사람을 만나왔던 저자들이 현장에서 보고 듣고 느꼈던 매력적인 사람들의 비밀과 공통점들을 찾아서 정리했다. 단순히 외적 매력 지수를 높여주는 기술이 아닌, 어떤 사람이 끌리는 몸짓과 말의 매력을 가졌는지, 어떤 사람이 스며드는 관계의 매력을 가졌는지 자세하게 알려주고, 여러분을 참 매력 있는 사람이 될 수 있도록 안내할 것이다.

에이브러햄 링컨(Abraham Lincoln)의 명언 중에 "사람은 행복하기로 마음먹은 만큼 행복하다."라는 말이 있다. 이 책을 선택한 대부분의 독자는 매력적인 사람이 되고자 하는 분명한 이유가 있을 것이다. 그렇게 매력적인 사람이 되기로 마음먹은 만큼 이미 우리 자신은 매력적 사람이 되어 있을 것이다. 물론, 지금도 충분히 매력적인 당신이지만 이 책과 함께라면 당신의 흩어져있던 매력 조각들이 하나씩 하나씩 자리를 찾아 맞춰지면서 지금보다 훨씬 더 매력적인 사람, 그야말로 매력 덩어리가 되어 있음을 확신한다.

한수정 · 심희재 · 김진영

당신은 참 매력 있는 사람입니다

목차

추 천 사 　|004
프롤로그 　|006

1부_ 몸짓에 매력이 스며든다

1장_ 매력적인 사람들의 매력적인 몸짓 　|013
2장_ 사소하지만 결정적인 호감을 나타내는 눈맞춤 　|026
3장_ 당신의 속마음이 고스란히 읽히는 손과 발 　|041
4장_ 말하지 않아도 진심이 통하는 얼굴과 표정 　|052
5장_ 끌리는 거리, 호감 가는 신체 접촉의 기술 　|063

2부_ 말에 매력이 스며든다

1장_ '뭐 입지' 말고 '어떻게 말하지'를 고민할 때 　|075
2장_ 들리는 말과 안 들리는 말 　|083
3장_ 섹시한 생각 정리와 맛있는 말 　|093
4장_ 세련된 말과 신뢰를 키우는 말 　|106

3부_ 관계에 매력이 스며든다

1장_ 답정너가 되지 않기 　|123
2장_ 매력적인 관계 만들기 　|142
3장_ 건강한 관계 만들기 　|158
4장_ 매력으로 셀프 브랜딩하기 　|188

에필로그 　|210
참고문헌 　|212

1부

몸짓에 매력이 스며든다

매력, 스며든다

- 1장 매력적인 사람들의 매력적인 몸짓
- 2장 사소하지만 결정적인 호감을 나타내는 눈맞춤
- 3장 당신의 속마음이 고스란히 읽히는 손과 발
- 4장 말하지 않아도 진심이 통하는 얼굴과 표정
- 5장 끌리는 거리, 호감 가는 신체 접촉의 기술

당신은 참 매력 있는 사람입니다

1장
매력적인 사람들의 매력적인 몸짓

"어머나! 어쩜 저렇게 상냥하고 매력적일까? 볼 때마다 느끼지만 확실히 서양 사람들은 달라."

옆집에 사는 외국인 부부를 보고 어머니는 늘 같은 말을 반복하신다. 과연 무엇이 다르다는 걸까?

"자기는 나의 어디가 좋아요?"
"음, 뭐랄까? 솔직히 막 기절할 만큼 예쁘건 아닌데, 뭔가 끌리는 매력이 있어. 자기는 정말 매력적이야!"

보이스 트레이닝 수업을 같이 듣던 커플이 쉬는 시간에 나누던 대화였다. 물론 지나치게 솔직했던 남자친구의 답변에 토라진 여자의 눈매는 아주 매섭게 바뀌었지만 말이다.

매력(魅力)은 매혹할 매(魅)에 힘 력(力)이라는 말로, '사람의 마음을 사로잡아 끄는 힘'이라는 사전적 의미가 있다. 사람의 마음을 잡아끄는 힘이라니, 매력이라는 단어의 의미도 참으로 매력적이다. 내가 하는 일은 사람의 마음을 잡아끄는 '힘 있는 말하기'와 '건강한 관계'를 위한 소통 커뮤니케이션에 관한 연구와 강의다. 교육을 위해 강단 위에 올라가 시작하는 첫마디는 이러하다.

"매력적인 삶을 위한 관계와 말을 연구합니다. 안녕하세요."

방송과 강의 등을 통해 만났던 많은 사람 중에서 유난히 매력적이었던 사람들에게는 특별한 듯 특별하지 않은 것이 있다. 그것은 바로 몸으로 말하는 것, 보디랭귀지(Body Language)이다. 때로는 백 마디 말보다도 더 강력한 메시지를 전달하는 매력적인 사람들에게 숨겨진 특별한 이 몸짓 언어의 매력은 과연 무엇일까?

썸을 부르는 매력적인 몸짓 언어

"길을 가던 한 나그네가 목이 말라 우물가에서 빨래하고 있던 어느 아낙네에게 물 한 모금을 청합니다. 이때 아낙네는 물 한 바가지를 떠서 나그네에게 건넵니다. 물을 건네받은 나그네는 배려가 담긴 아낙네의 물바가지에 큰 감동을 받습니다. 어떤 배려였을까요? 아낙네가 건넨 물바가지에는 나뭇잎 한 장이 띄워져 있었거든요. 그 행동은 나그네가 허겁지겁 물을 마시다 탈이 날 것이 걱정되었던 아낙네의 배려가 담긴 행동이 아니었을까요?"

"에이, 썸인데요. 그거 썸이네."

신입 직원 대상의 소통에 관한 커뮤니케이션 강의를 한창 하고 있는데 강의를 듣던 사원 중 한 명이 크게 말했고, 그의 말에 사람들은 동의하는 듯 박장대소했다.

우리는 좋아하는 사람이 생기면 그 감정을 표현하려고 한다. 정확하게는 숨기려 해도 티가 난다. 기침과 사랑은 절대 숨길 수 없다고 하지 않던가? 다만, 나의 기준에서는 좋은 의도일 수 있지만 상대방 입장에서는 아닐 수도 있다는 것이 함정이다.

한번은 W 소장이 동석한 가운데 유명 포토그래퍼인 T 작가와 함께 업무상 미팅을 하게 되었다. 많은 모델과 함께 하는 작업이라서 고되지는 않은지 걱정되어 T 작가에게 "힘들지 않으셨어요?"라고 물었는데, 그는 답변은 의외였다.

"아니요, 작업하면서 모델과 계속 아이 콘택트를 하잖아요. 시종일관 미소를 보여주는 모델에게 이상하게 설레고 행복한 감정이 느껴져서 힘든지 모르겠더라고요. 보정을 하면서도 모델의 시선이 제게 고정되어 있다 보니까 정드는 느낌이라고 할까요? 하하하…."

미팅을 마치고 나오는 길에 동석했던 W 소장은 내게 이렇게 말했다. "저 작가님 이상하지 않아요? 도끼병(다른 사람들이 모두 자신을 찍었다고, 즉 좋아한다고 생각하는 병)도 아니고, 왜 저래요? 웃으면서 자기 쳐다보면 뭐, 다 자기를 좋아하는 줄 아나 봐요."

그렇다. 속마음을 가장 정확하고 노골적으로 표현할 수 있는 것이 바로 눈이다. 다른 신체 부위보다도 눈을 통해서 많은 메시지를 주고받는다. 그 과정에서 굉장히 강한 힘이 발휘되기도 한다. 보통 시선이 머무는 시간이 4~5초 정도 유지되면 상대방을 향한 호감이 커진다고 한다. 또한 내가 보낸 시선의 3분의 2 이상을 상대가 같이 맞춰 주면 '어? 저 사람도 나에게 관심이 있구나! 나의 매력이 전달되었군!'이라고 생각할 수 있다. 때로는 이 부분에서 오해를 부르기도 하지만 말이다.

장시간 촬영이나 보정 작업을 하는 단계에서 자신을 향해 미소 짓고 있는 모델에게 좋은 감정이 드는 게 어찌 보면 이상한 일이 아닐 수도 있다.

관심과 호감을 효과적으로 티 내는 열린 몸동작:
본능적인 긍정 시그널

사진 찍기가 취미인 한 남성이 있다. 이 남성은 자신이 갖고 싶었던 고가의 카메라 렌즈를 살지 말지 지금 수개월째 고민하고 있다. 그러다 우연히 지인이 들고 온 카메라를 보고 동공이 커졌다. 그가 살지 말지 고민해왔던 그 렌즈가 바로 지인의 카메라에 부착되어 있었기 때문이다. 남성은 곧바로 그 렌즈를 향해 몸을 기울이며 크게 관심을 보인다.

평소 간절히 원하던 가방이 내 눈앞에 있다고 가정해 보자. 가방을 보는 순간 우리는 어떻게 될까? 나의 몸은 어느 순간 가방 가까이 가 있고 눈은 반짝반짝 빛나고 있을 것이다. 이처럼 자신이 좋아하거나 관심이 있는 것에는 본능적으로 몸이 반응하고 있다는 것을 알 수 있다. 호감이 있는 곳을 향해 몸과 시선이 자연스럽게 기울면서 관심을 표현하게 된다. 그것이 사람이든 물체이든 말이다. 이런 긍정 시그널(Positive Signal)은 관계에 있어서 많이 목격된다.

예를 들어, 나와 말이 잘 통하는 사람과 함께하거나 상대방이 나의 관심사나 호기심을 이끄는 말을 하게 되면 몸이 자연스럽게 상대방 쪽을 향하게 된다. 이런 긍정 시그널은 의식하고 조금만 관찰하면 어렵지 않게 발견할 수 있다.

소개팅 자리에서 상대가 마음에 들면 하체는 의자에 딱 고정되어 있지만, 더 공감하고자 하는 마음을 앞으로 기우는 상체의 움직임을 통해서 알 수 있다. 더 가깝게 더 자세히 더 많이 상대방에 대해 알고 싶다는 생각과 '나는 당신의 말에 이렇게 집중해서 경청하고 있습니다.'를 긍정 시그널로 고스란히 표현하게 되는 것이다. 이처럼 상대방과의 커뮤니케이션 과정에서 나의 자세를 상대방 방향으로 향하는 것은 호감과 관심을 표현하기 아주 쉽고 좋은 방법이다.

좋게 여기는 감정 중에 '호감'이 있다. 호감은 긍정 시그널에 절대적으로 반영된다. 특히 좋은 감정이 생기면 사람의 몸짓 언어가 둥글게 표현된다고 한다. 사랑하는 연인이 서로를 포옹할 때 둥글고 크게 팔과 손을 뻗어 껴안게 되고, 아이들이 착한 일을 하게 되면 손과 팔의 모양을 둥그렇게 해서 그 아이의 머리나 등을 쓰다듬게 되는 것처럼 말이다. 이런 몸동작을 '열린 자세'라고 한다. 양팔이 둥글게 벌어져 있고 손바닥 또한 상대를 향해 노출되어 있는 자세가 대표적인 열린 자세다.

반면에 앉아 있을 때 테이블 아래에 손을 숨기듯 두는 것은 좋지 않은 자세다. 팔을 몸통 옆에 편안하게 두면서 테이블 위로 손을 노출시키는 것이 상대방과의 소통을 허용하는 긍정 시그널로 해석될 수 있다. 이때 다리를 꼬지 않는 자세가 개방적이고 수용적인 자세인데, 만약 다리를 꼬고 싶다면 상대방 쪽으로 꼬거나 상대와 같은 방향으로 꼬는 것이 좋다. 이런 자세는 상대방의 접근을 허용하며 대체로 상호작용에 적극적이라는 느낌을 줄 수 있다. 친구와 연인 사이는 물론이고 비즈니스 관계에 있어서 이런 열린 자세는 닫힌 자세의 사람들보다 훨씬 더 설득력이 높다고 한다.

120초 만에 세상 재수 없는 사람이 되는 초특급 꿀팁: 부정 시그널

호감을 표현하는 긍정 시그널 중에 몸이 상대를 향해 기우는 자세는 면접에서도 많이 관찰된다. 공무원 채용 면접 심사위원과 기업체 면접관을 하다보면 면접 현장에서 긍정 시그널을 전략적으로 잘 활용하는 똑똑한 지원자들을 어렵지 않게 목격할 수 있다.

 면접관이 던진 질문에 '자신 있음'과 '경청'의 신호로 면접관 쪽을 향해 몸을 살짝 기울이는 행동과 함께 고개를 가볍게 끄덕이면서 살짝 미소까지 짓는 지원자들이 있다. 하지만 의도적으로 이런 자세를 취하던 지원자들이 본능적으로 당황하면 부정 시그널(Negative Signal)의 몸짓으로 순간 변하기도 한다. 일명 압박 질문이나 미처 예상하지 못했던 질문을 받게 되면 이들은 곧바로 앞으로 기울인 몸을 의자 등받이 쪽으로 젖히거나 어깨를 들어 올려 등을 말면서 눈빛이 많이 흔들린다. 쉽게 말해, 아무리 긍정의 말을 하고 있어도 그 사람의 몸이 상대방 쪽으로 기우는지 아니면 뒤로 기우는지만 관찰해도 우리는 함께 있는 사람이 나에게 얼마나 관심이 있는지, 집중하고 있는지 파악할 수 있다는 말이다.

"120초 만에 세상 재수 없는 사람이 되는 초특급 꿀팁이 있는데 알려 드릴까요?"

강의 도중에 던진 이 질문에 사람들은 웅성거리거나 크게 웃는다. 하지만 이어지는 설명을 듣고 나면 곳곳에서 자세를 고쳐 앉느라 분주한 모습도 제법 관찰된다.

열린 자세의 반대 개념이라고 생각하면 되는데 '닫힌 자세', 즉 닫힌 몸동작의 대표적인 모습은 몸을 뒤로 젖힌 상태에서 팔짱을 끼는 자세이다. 거기에 한쪽 팔꿈치를 다른 한 손으로 잡으면서 발목을 엑스(X)자로 만들어 포개는 자세이다. 이렇게 되면 턱을 치켜들게 되고 시선은 상대방을 깔보듯 내려 보게 된다.

상상해 보자. 내 앞에 있는 사람이 이와 같은 자세로 나와 대화를 주고받고 있다면 아마 대부분은 불쾌한 생각이 먼저 들 것이 틀림없다. 팔짱은 상대에 대한 방어와 부정적인 태도로 상대방에게 심리적으로 장벽을 만드는 동작이며, 이와 비슷한 심리적 방어가 반영된 것이 다리 포개기와 다리 꼬기이다. 습관적으로 다리를 포개거나 꼬는 자세를 많이 하게 되는데 이 자세 역시도 팔짱과 마찬가지로 상대방에 대한 방어적 태도를 나타낸다.

비즈니스 자리뿐 아니라 가족과 연인, 친구와 같이 가까운 사이에서도 되도록 피해야 할 부정 시그널이 바로 닫힌 자세라는 것을 다시 한번 강조한다.

닫힌 자세는 관계에 부정적 영향을 줄 뿐만 아니라 기억력과도 연관이 있다. 닫힌 자세를 하게 되면 같은 정보를 전달받았을 때 그렇지 않은 사람들보다 38%나 기억도가 낮다는 흥미로운 연구 결과가 있다. 이 때문에 강의 초반에 "120초 만에 세상 재수 없는 사람이 되는 초특급 꿀팁을 알려드립니다."라고 말하는 것이다.

기업체를 대상으로 한 강의는 대부분 단체로 듣기 때문에 선택권이 없이 억지로 끌려온 듯 자리에 앉아 있는 사람들이 있다. 이런 분들은 누가 봐도 티가 난다. 온몸으로 듣기 싫다는 것을 표출하는데 대부분 닫힌 자세를 하고 있는 경우가 많다. 물론 평소 관심 분야이기에 흥미를 갖고 자발적으로 열린 자세로 듣는 사람들도 있다. 이유야 어찌 되었든 함께 보내는 시간이라면 이왕이면 얻어가는 게 있으면 좋지 않을까?

때로는 끼고 있는 팔짱을 풀게 하려고 간단한 스트레칭이나 박수 게임 등을 의도적으로 유도하는 때도 있다. 티 나지 않게 닫혀 있는 몸과 마음을 열린 몸과 마음으로 만들기 위한 노력 중 하나다. 강사 입장에서도 청중들이 닫힌 자세를 하고 앉아 있으면 썩 기분이 유쾌하지 않다. 반면에 청중들이 열린 자세를 하고 경청의 신호를 연신 보내주면 그날 강의는 작두를 타게 된다. 강사들의 세계에서는 강의를 유난히 신명 나게 잘하는 날을 일컬어 '작두 탄다.'라고 하는데 이런 날의 특징은 확실하다. 청중과 소통이 잘 되는 날이다.

초초함, 낯섬, 어색함 등의 부정적 상황에 놓여 긴장감이 들 때 자신을 지키기 위해 방어적 태도를 취하는 닫힌 자세를 우리는 생각보다 자주 하게 된다. 어떨 때는 자신도 모르게 이 자세를 본능적으로 하게 되는 경우도 많다. 자신에게는 잠깐의 안정감을 선사할지 모르겠으나 함께 있는 누군가에게는 몹시 불편하고 비판적인 감정을 줄 수 있다는 사실을 꼭 기억해야 한다.

알고 보면 하트 시그널,
잘못 보면 도끼병

다시 맨 처음 나그네에게 물바가지를 건넨 아낙네 이야기로 돌아가 보자(14~15쪽). 목이 말라 물 한 모금 요청했던 나그네에게 나뭇잎을 띄운 물바가지를 건넨 아낙네는 과연 썸이었을까?

결론부터 말하자면, 단순히 나뭇잎 한 장 띄운 행위만을 놓고 썸인가 아닌가를 판단하기에는 매우 어려울 뿐 아니라 위험한 일이다. 사실 한마디의 말도 맥락의 흐름상 전혀 다른 의미로 해석되는 경우가 많다. 몸짓 언어도 마찬가지다. 단편적인 하나의 동작만 두고 섣부르게 판단하는 것은 위험한 일이다. 잘 알고 보면 하트 시그널이지만, 잘못 보면 정말 도끼병이 될 수도 있다.

'인간(人間)'이라는 단어에는 '사이'라는 의미의 '관계'가 내포되어 있다. 사람과 사람 사이에 있어서 관계를 더 하는 매력적인 몸짓과 관계를 틀어지게 하는 몸짓 언어 몇 가지만 알고 있어도 건강한 관계와 매력적인 삶을 사는 데 유리하지 않을까?

사랑을 부르는 매력 업(Up) 몸짓 언어 vs 불통을 부르는 매력 다운(Down) 몸짓 언어

사적이든 공적이든 불통(不通)을 부르는 몸짓 언어를 자꾸 보여주는 것보다는 당연히 소통(疏通) 혹은 사랑을 부르는 몸짓 언어를 사용할 때 일이든 관계든 결과가 긍정적일 것이다. 업무 성과가 향상되거나 사랑하는 감정이 더 커지는 몸짓 언어는 무수히 많다. 그 많은 몸짓을 다 챙겨서 하려면 다소 무리가 될 수 있으니 앞으로는 이 책에서 제한하는 딱 다섯 개의 매력 업 몸짓 언어에 집중해 보자.

딱 다섯 개. 고작 다섯 개이다. 이 다섯 개가 당신의 연애와 비즈니스, 더 나아가 인생에 지대한 영향을 줄 것이라 자부한다. 얼마나 대단한 것이기에 그렇게 자신 있게 말하느냐고 할 수 있겠지만 속는 셈 치고 한번 해 보자. 인생을 바꿀 수도 있으니까 말이다.

매력적인 사람, 매력적인 관계를 위해 '사랑을 부르는 매력 업(Up) 몸짓 언어' 다섯 개 하기와 '불통을 부르는 매력 다운(Down) 몸짓 언어' 다섯 개 하지 않기에 신경 써 보자. 의식적으로 몸짓 언어에 신경을 하나하나 쓰다 보면 언젠가는 습관이 될 것이다. 결과적으로 우리의 관계와 인생이 달라져 있을 것이다.

사랑을 부르는 매력 업(Up) 몸짓 언어

01. 포옹하듯 양팔을 벌려 열린 자세를 몸에 익힌다.
02. 추위에 오들오들 떠는 상황이 아니라면 팔짱은 끼지 말고 손바닥을 수시로 보이면서 둥근 제스처를 한다.
03. 마음에 드는 사람이 있다면 상대를 향해 몸을 기울이거나 다리를 상대 쪽으로 향한다.
04. 미소 짓는다.
05. 상대의 말에 고개를 끄덕이며 몸짓 언어로 반응을 보여 준다.

불통을 부르는 매력 다운(Down) 몸짓 언어

01. 팔짱을 끼고 몸을 뒤로 젖힌다.
02. 다리를 엑스(X)자로 포갠다.
03. 턱을 들어 시선을 아래로 내리깐다. 턱으로 방향을 제시하듯 까딱거리면서 말한다.
04. 하품하면서 시선을 돌리고 발과 손으로 장난을 치면서 다른 짓을 한다.
05. 무표정으로 상대의 말에 무반응을 보인다.

2장
사소하지만 결정적인 호감을 나타내는 눈맞춤

햇살 좋은 어느 일요일 오전, 대청소를 하고 있는데 베란다에서 와장창 깨지는 소리가 났다. 장난을 치던 아들이 화분을 깨트렸다. 조심하라고 몇 번이나 말을 했는데도 어김없이 사고를 친 아들을 꾸지람했다. 그런데 몇 마디 하고 보니 아들의 시선이 베란다 창밖을 향하고 있는 것을 발견했다. 그 즉시 나는 아들에게 눈맞춤을 강요했다.

"엄마 눈 똑바로 안 봐? 사람이 말할 때는 그 사람의 눈을 보라고 했어 안 했어?"

아들의 시선을 겨우 뺏어 온 뒤 이어서 더 꾸짖고 있는데 이번에는 굳게 다문 입과 나를 똑바로 응시하는 아들의 시선이 뭔가 도전적으로 느껴졌다.

"왜 그렇게 눈을 동그랗게 뜨고 보는 거야?"

그러자 아들이 말했다.

"엄마가 눈을 보라고 했잖아요!"

눈을 보라고 해서 봤는데 눈을 본다고 뭐라고 하다니, 과연 무엇이 문제였을까? 중년의 남성들이 대다수였던 어느 기업 강의 현장에서 눈맞춤에 관한 주제로 강의 중에 조별 활동으로 눈맞춤을 실습을 했다.

"우리가 학교 다닐 때는 선생님 눈을 쳐다보면 한 대 더 맞았습니다. 껄껄껄…."

놀랍게도 여기저기서 선생님의 눈을 똑바로 쳐다봐서 더 맞았다, 부모님의 눈을 똑바로 쳐다봐서 등짝 스매싱을 당했다는 등의 경험담이 웅성웅성 이어졌다. 과연 그럴까? 결론부터 말하자면, 눈을 본 것이 아니라 보는 방법에 문제가 있었던 건 아닐까?

왜 사람들은 그[그녀]를 다 좋아할까?
눈빛만 보면 알 수 있어!

가만히 보면 모든 사람이 좋아하는 그[그녀]에게는 다 이유가 있다. 당신의 지인 중에 유난히 인간관계의 폭이 넓고 깊은 사람이나 성격 좋기로 유명하고 인기가 많은 사람을 떠올려보자. 그 사람들의 눈빛은 보통 어떠한가?

  우리는 눈맞춤과 눈빛을 통해 교감한다. 어느 상황의 감정, 분위기까지 좌우하는 것이 바로 한 사람의 얼굴 표정이고, 그 표정의 중심이 되는 것이 눈이다. 눈을 보면 기쁨과 슬픔, 위로와 감사, 지지와 응원은 물론이고 말하고 있는 사람의 에너지와 의도하는 바가 무엇인지까지도 파악할 수 있다.

  눈을 통해 무수히 많은 감정을 담아 표현할 수 있는 만큼 상황에 맞는 눈맞춤을 통해서 효과적인 대화를 해야 한다. 이는 관계와 소통에 있어 매우 중요하다. 하지만 그럼에도 불구하고 눈맞춤은 여전히 어렵고 잘 안 되는 것도 사실이다. 그래서 그 어려운 것을 해내는 사람들은 상당히 매력적일 수밖에 없다.

  눈맞춤은 어떻게 어디를 보느냐에 따라, 또 얼마만큼 보느냐에 따라 전달되는 메시지가 달라질 수 있고, 또 문화적인 영향에 따라 달라지기도 한다. 특히나 유교적인 문화의 영향으로 인해 눈맞춤을 잘하지 못하는 경향이 있는 우리나라에서는 눈맞춤에 대한 오해도 종종 있다.

"에이 강사님, 눈빛 교환 잘하고 눈 잘 맞추는 사람은 카사노바 아니면 사기꾼이죠."

이 충격적인 발언은 사실 강의장에서 생각보다 많이 들었던 말이다. 틀린 말도 아니다. 사람의 마음을 사로잡는 데 강력한 무기가 되는 것이 눈맞춤이 확실하니 말이다.

미국의 심리학자 조안 캘러먼(Joan Kellerman)과 제임스 루이스(James Lewis)가 눈맞춤과 호감의 상관관계에 대해 로맨틱하면서도 흥미로운 실험을 했다. 생면부지의 남녀가 서로 눈맞춤을 2분간 했더니 서로를 향한 호감도가 상승했다는 것이다. 눈맞춤을 하게 되면 상대방의 혈관에서 사랑의 호르몬인 페닐에틸아민(Phenethylamine)이 솟구치게 된다고 한다. 이와 유사한 연구와 실험은 아주 많다.

결론은 하나다. 눈맞춤만 잘해도 자신의 매력 지수를 상승시킬 수 있으며 긍정 관계를 만들 수 있다. 그뿐 아니라 눈맞춤을 통해서 우리는 상대방이 무엇을 말하려는지도 파악할 수 있다.

'도대체 무슨 생각을 하고 있는지 모르겠어. 나에 대한 감정이 어떠한지 알고 싶어.'

상대방의 마음을 읽고 싶다면 이제 우리는 눈빛부터 읽어 낼 수 있어야 한다.

"사람의 눈은 혀만큼이나 많은 말을 한다. 게다가 눈으로 하는 말은, 사전 없이도 전 세계 누구나 이해할 수 있다."

- 랄프 왈도 에머슨(Ralph Waldo Emerson) -

그[그녀]가 나에게 첫눈에 반했다는 빼박 증거, 매력 지수가 확 높아지는 동공 확장

우리는 깜짝 놀라게 되면 눈이 커진다. 눈의 동공은 흥분하면 평소 크기보다 4배까지도 확대된다고 한다. 이때 긍정적 상황이라면 동공, 검은 눈동자가 커지면서 입이 살짝 벌어지거나 눈썹이 올라가기도 한다.

예를 들어, 내 눈앞에 좋아하는 사람이나 좋아하는 사물이 있으면 동공이 커지는 것이다. 이런 반응은 의식적으로 통제할 수 없는 영역이다. 사랑하는 연인 사이에서는 함께 있을 때 마음이 편안해지면서 동공이 최대한 많은 빛을 빨아들이기라도 하듯 커지게 된다.

반대로 부정 감정의 상태에서는 동공이 수축된다. 이 말은 곧 상대와 대화를 나누는 도중에 갑자기 상대방의 동공 크기가 확 작아졌다면 나의 말에 부정적인 생각을 하고 있을 수 있다는 뜻이 된다. 우리의 뇌가 부정 감정을 느끼게 되면 더 명확하게 보기 위해 눈의 초점을 맞추기 위해 이렇게 반응하는 것이다.

이것은 카메라의 조리개 구멍이 좁아질수록 선명도가 올라가는 것과 유사한 원리라고 보면 이해하기 쉬울 것이다. 우리는 가끔 잘 보이지 않을 때 실눈을 뜨게 된다. 실눈을 뜨고 초점을 맞춰서 어떻게든 안 보이는 그것을 잘 보이게 하려고 노력한다. 확실히 실눈을 뜨면 초점이 잘 맞아서 잘 보이는데 그것과 같은 원리인 것이다.

심리학 교수인 에크하르트 헤스(Eckard Hess)가 흥미로운 실험을 했다. 대학생을 상대로 여러 장의 사진을 보여줬는데 남학생의 경우에는 여성의 나체 사진을 봤을 때 즉각 동공이 커졌고, 여학생의 경우에는 웃고 있는 아기 사진을 봤을 때 동공이 제일 많이 커지는 반응이 나타났다고 한다. 결과적으로 사람은 본인이 보고 있는 것에 얼마나 호감과 매력을 갖고 있느냐에 따라 동공의 크기가 커지기도 하고 작아지기도 한다. 다시 말해 감정이 동공을 통해 고스란히 나타나는 것이다.

이는 매출에도 큰 영향을 미치는데, 화장품 광고 카탈로그 광고에서 모델의 동공을 크게 수정했더니 무려 매출이 45%나 증가했다고 한다. 만약에 내 앞에 있는 사람이 나를 보고 눈이, 즉 동공이 바로 커졌다는 것은 나에게 호감이 있다는 말이 된다. 그 사람이 나에게 반했는지가 궁금하다면 눈동자의 크기를 통해 확인해 보자.

눈의 매력을 더욱 발산시키는 방법 중 한 가지는 서클렌즈이다. 눈동자를 크게 보이기 위해 착용하는 미용 목적의 컬러 렌즈인데, 이 방법만큼이나 효과적인 게 있다. 바로 자연스럽게 어두운 장소를 활용하는 방법이다. 어두워지면 우리의 눈은 자동으로 커진다. 그러니까 불빛이 은은한 조명의 카페에서 사랑하는 사람과 마주 앉아 눈맞춤을 해 보자. 분명히 더 매력적으로 보일 것이다.

싸움에서 기선 제압하고 싶은 게 아니라면
이렇게 바라보지 말자

시선 교환, 즉 눈맞춤의 중요성과 효과에 대해 강의시간에 실습해 보면 의도치 않게 웃음을 자아내는 경우가 생긴다. 평소 사람들과 눈맞춤을 어려워했던 사람들이 하는 실수인데, 시선의 방향만 상대방을 향할 뿐 초점 없는 상태로 빤히 한 사람의 눈을 쳐다보는 것이다. 이런 시선 처리는 호감을 상승시키는 눈맞춤이 결코 아니다. 오히려 관계를 악화시키는 부정적인 눈맞춤이다. 그저 양적으로만 무조건 시선 접촉을 한다고 해서 좋은 결과를 주는 것은 아니다.

눈을 크게 뜨고 시선을 상대의 눈에 고정시키고 있는 분들을 보면 마치 눈싸움을 연상시킨다. 우리의 눈은 공포의 순간이나 화가 났을 때도 신경 충동에 의해 커지는데, 이런 상황을 두고 플래시벌브 아이즈(Flashbulb Eyes, 플래시 터뜨린 눈)라고 한다. 화가 나서 격분한 사람이 눈을 부릅뜨고 공격을 가할 때 많이 볼 수 있는 모습이다.

두 사람씩 짝을 지어 눈맞춤 실습을 한다는 것도 참 흥미로운 일이다. 그런데 얼마 가지 않아 포기하는 이들도 생긴다. 실습을 마치고 소감을 물어보면 어색하다는 말을 가장 많이 한다. 그리고 "눈싸움을 하는 것 같다, 무서웠다." 등의 소감도 있다. 왜 그럴까?

서로를 바꿔 놓고 생각해 보면 쉽게 이해가 된다. 누군가가 지속적으로 나의 눈을 쳐다보는데 초점이 없다. 소위 말해 '멍때림'의 시선에 눈 깜빡임까지 없으면 무례함을 넘어 위협적으로 느껴질 수 있다. 싸움할 때 기선 제압을 위한 시선 처리로는 적격일 것이다. '무서웠다, 눈싸움하는 것 같다.'라는 말이 나올 만도 하다. 상대방을 무시하고 싶고 위협하고 싶은 게 아니라면 대화를 나눌 때 초점 없는 상태로 눈을 부릅 크게 뜨고 장시간 빤히 그 사람의 눈을 보지 말자.

상대의 심리 상태와 나를 향한 호감도를
알 수 있는 눈 깜빡임

"어우! 넌 왜 그렇게 예쁜 척을 하니? 아니면 대본을 숙지 못 한 건가? 눈 좀 그만 깜빡거려라. 보는 내내 불편했다."

아침 생방송을 마치고 나오는 길에 걸려온 엄마의 전화였다. 그날 방송을 모니터링해 봤더니 와우! 엄마의 말이 맞았다. 늘상 받는 방송 메이크업이었지만 그날 붙였던 인조 속눈썹이 너무 과했던 탓에 불편했던 눈을 감았다 떴다를 반복했던 것이 보는 사람에게는 여간 불안하고 불편해 보이는 게 아니었다.

눈 깜빡임은 주어진 환경이나 스트레스 등에 따라 달라질 수 있다. 보편적으로 일상 대화에서 분당 16~20회 정도의 눈 깜빡임이 정상이라고 한다. 이때 눈꺼풀은 약 0.1초 동안 닫히는데 만약에 심리적인 압박이나 스트레스를 받으면 눈 깜빡임의 빈도는 증가한다. 가령, 습도가 높은 비 내리는 날이나 꽃가루나 미세 먼지가 심한 날도 눈 깜빡임이 증가한다.

가끔 어린 아들이 잘못을 저질러서 변명하고자 한다면 아이의 눈 깜빡임에 집중하면 된다. 실제로 범죄자를 취조할 때 거짓을 판단하는 과정에서 상대방의 눈 깜빡임 빈도를 주시하기도 한다. 심리학자나 상담가들 역시도 내담자와의 대화에서 눈 깜빡임의 빈도를 통해 단서를 찾기도 한다고 한다. 물론, 아무 잘못을 하지 않은 사람에게 공격적인 질문을 한다거나 황당하기 그지없는 질문을 갑자기 하면 순간적으로 눈을 자주 깜빡일 수는 있다.

하지만 이런 예외적인 상황이 아니라면 자주 반복되는 눈 깜빡임은 불안함, 걱정, 초조 등의 상황을 말한다. 때로는 상대를 유혹할 때도 눈을 깜빡이는데 이 경우에는 속도가 느리다는 게 큰 차이점이다. 빠른 속도로 눈을 계속 감았다 떴다 하는 행동은 상대방에게 좋은 모습으로 보일 수 없다.

이 못지않게 상대방에게 좋지 않은 모습으로 각인되는 눈 깜빡임이 있다. 그것은 바로 1초 이상 눈을 감고 있는 것이다. 이때 고개까지 뒤로 살짝 넘기는 모습은 상대방의 말에 관심이 없음을 말해준다. 시각적으로 상대방을 차단하려는 시도인데 설령 감고 있던 눈을 떴다 해도 코 아래로 내려다보는 모습이 되면서 상대를 깔보는 듯한 제스처가 된다.

거기다 갑자기 손으로 눈을 가리면서 뒤로 넘겼던 고개를 다시 앞으로 기울게 행동한다면 상대방은 순간 자신감을 상실했거나 부정 감정, 걱정, 나쁜 정보를 차단하려는 본능에서 나온 행동이니 참고해야 한다. 무엇인가 탐탁지 않다는 것이다.

상대방에게 우월감을 의도적으로 과시하려는 의도가 아니거나 현재 부정적 감정 상태라는 것을 들키고 싶지 않다면 피해야 할 행동이다.

반대로 누군가가 내가 말을 하고 있을 때 이런 모습을 보인다면 빠르게 화제를 돌려 다른 이야기를 해 보자. 지금 상대방은 나의 말에 흥미를 잃었을 확률이 매우 높다.

마음을 닫게 하는 눈맞춤 vs
마음을 열게 하는 눈맞춤

5년간 매일 생방송으로 진행하던 라디오를 출산 준비를 시작하면서 정리를 해야 했다. 마지막 방송 날, 5년간 매일 봤던 동료 중 한 명에게 눈물 대신 물음표를 하나 던졌다.

"정말 궁금했는데, 왜 항상 사람을 볼 때 그렇게 옆으로 삐딱하게 앉아서 째려보듯 대했어요?"

마지막 방송을 마치며 던진 인사말도 어처구니없었지만 돌아오는 그녀의 대답은 더 황당했다.

"이 자세가 제일 예뻐 보이는 자세거든요."

그녀의 말은 이러했다. 왼쪽, 특히 45도 정도의 왼쪽 옆 모습이 매력적이며, 턱을 살짝 들어야 두 턱(턱의 살이 겹치는)이 되지 않는다고 말했다. 맙소사! 그녀의 말이 몹시 충격적이었다. 예뻐 보이기 위해 그녀가 그간 해왔던 태도는 나뿐만 아니라 방송 제작진 모두를 불쾌하게 만들었기 때문이다. 사람이 무슨 말을 하면 고개를 돌리는 것이 아니라 곁눈질을 하면서 째려보듯 바라보며 대답했기 때문이다. 거기다 턱까지 항상 들고 다녔고, 수시로 팔짱을 꼈다 풀었다를 반복했고, 콧등이나 콧방울을 손가락으로 비비는 행동을 자주 했다. 그 때문에 도도함을 넘어 사람을 무시하는 것처럼 보였다.

흔히 곁눈질은 사람을 수상하게 여겨 의심하거나 무시하고 더 나아가서는 경멸할 때 많이 하는 시선 처리이다. 상대를 향한 불신과 우려가 바닥에 깔린 부정의 시선 처리인데, 그런 상태에서 방어 심리가 더해져 경계하듯 팔짱을 수시로 꼈으니 그녀를 좋게 볼 사람은 없었을 듯 하다. 참고로 그녀는 비염으로 인해 습관적으로 코를 만지거나 비벼왔다고 말했다. 하지만 일반적으로 코를 만지는 행동은 거짓이나 불안과 같은 부정적 감정과 연관이 있기 때문에 그녀의 행동이 전체적으로 좋아 보이지는 않았다.

편성제작팀의 정수기 담당 직원과도 친분이 있을 정도로 나는 관계지향적임에도 불구하고 5년 동안이나 친해지지 않았던 유일한 사람이 그녀였다. 이처럼 사소하지만 한 끗 차이의 다른 시선 처리로 인해 관계가 좋아질 수도 있고 나빠질 수도 있다.

그럼 앞서 언급한 그녀와 정반대로 하면 좋은 눈맞춤이 될까?

먼저, 사람을 볼 때는 곁눈질을 하지 말아야 한다. 물론 미소가 동반된 눈썹까지 같이 위로 치켜세우는 곁눈질은 매혹적일 수 있다. 특히 이성으로서 관심이 있을 때 효과적일 것이다. 하지만 무표정인 상태에서 턱을 들고 곁눈질하게 되면 굉장히 적대적으로 느껴진다. 따라서 대화할 때는 시선뿐 아니라 얼굴, 고개, 어깨, 등허리까지 상대방 쪽을 향해 돌려야 한다.

그리고 고개나 턱을 쳐드는 게 아니라 오히려 반대로 약간 숙인 듯한 느낌에서 시선을 올려다보는 것이다. 아들이 자주 하는 행동 중 하나인데, 실제로 고개를 약간 숙인 상태에서 시선을 위를 향하게 되면 복종을 나타내기도 하지만 모성애나 부성애를 자극한다고 한다. MBC 예능 프로그램 〈진짜 사나이〉에서 큰 인기와 사랑을 얻었던 걸스데이 혜리의 애교 장면과 영화 〈슈렉〉의 장화 신은 고양이의 귀여운 눈망울을 생각하면 쉽게 이해될 것이다.

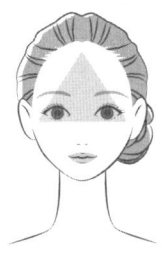
공적 눈맞춤
(업무 시선 영역)
A

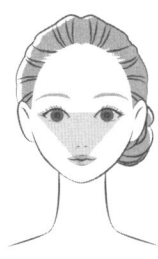
사적 눈맞춤
(사교 시선 영역)
B

친밀 눈맞춤
(친밀, 애정 시선 영역)
C

그림 A처럼 양쪽 눈과 이마 중앙까지 삼각형을 그린다고 생각한 후 이 삼각존에서 시선 처리를 하면 진지하고 사무적인 시선 처리가 될 수 있다.

반대로 그림 B처럼 양쪽 눈과 입 사이로 삼각형을 만들어 이 영역에서 눈빛을 맞추게 되면 친밀감 향상에 큰 도움이 된다. 아주 미세한 차이일 수 있겠지만 상대방의 반응은 달라질 것이다. 평소 차갑고 냉정하다는 평을 많이 듣는 사람이라면 사교적 시선 영역을 활용하면 도움이 될 것이다. 반대로 일할 때, 특히 보고나 회의 등 진중한 자리에서조차 너무 가볍거나 활달한 이미지였다면 신뢰감을 향상시킬 수 있는 업무 시선 영역을 활용해 보자.

영화를 보면 첫눈에 반한 상대에게 야릇한 시선을 보내는 장면에서 많이 볼 수 있는 눈맞춤이 있다. 바로 그림 C이다. B의 확장형으로 친밀한 눈맞춤, 애정 시선의 영역으로 보면 되겠다. 이성적으로 마음에 드는 사람이 나타나면 본능적으로 신체적 성별을 확인하면서 동시에 눈빛으로 관심이 있음을 어필하는 것이다. 만약에 누군가 C의 형태로 자신을 바라본다면 나에게 관심이 있다는 뜻으로 해석할 수 있겠다.

반대로 마음에 드는 상대에게 관심 있음을 표현하고 싶다면 그림 C와 같은 시선 처리가 도움이 될 것이다. 다만 어느 정도 상대방과 거리를 둔 상태에서 긴 삼각존 형태의 시선 처리를 해야만 친밀감을 표현할 수 있다. 만약 거리가 확보되지 않은 상태라면 상대방은 친밀감 대신 위압감을 느낄 수 있으니 참고하자.

3장
당신의 속마음이 고스란히 읽히는 손과 발

"다리 좀 그만 떨어요. 뭐 불안한 일 있어요?"

금요일 저녁, 아들을 재우고 남편과 함께 오붓하게 영화를 보려고 소파에 앉아 있었다. 그때 남편이 내게 무슨 일이 있냐고 물었다. 영화를 보면서 마시려고 맥주 한 캔을 따고 있을 때였다. '한 주의 피로가 이렇게 풀리는구나!' 싶을 정도로 심적으로 편안했는데, 습관적으로 다리를 떠는 나의 버릇 때문에 그의 눈에 뭔가 불안하고 초조해 보였나 보다.

다리와 발은 한 사람의 기품부터 불안과 초조, 기쁨과 즐거움까지 많은 것을 표현한다. 다리와 발의 상태나 행동을 통해서 한 사람의 감정에서부터 심리 상태까지 파악할 수 있다는 것이다.

딱 걸렸어!
다리와 발 모양으로 알 수 있는 심리 상태

최종 면접 심사를 볼 때 압박 질문 등으로 돌발 상황이 생기면 지원자들이 어떻게 대처하는지를 지켜본다. 표정부터 손은 물론이고 다리와 발까지 유심히 본다. 면접자들은 면접을 준비하면서 표정 관리와 손 제스처는 어떻게 해야 하는지 연습을 많이 했기 때문에 어느 정도는 불안한 감정 상태를 감출 수 있다. 하지만 발은 다르다. 답변에 대한 진실을 확인하기 위해 추가 질문을 했을 때나 미처 준비하지 못한 질문이나 예상치 못한 상황에 당황하게 되면 다리를 떨거나 두 발을 의자 안쪽으로 모아서 숨긴다. 그리고 두 발목을 포개는 사람들을 많이 볼 수 있다.

수십 년 동안 몸짓 언어를 연구해온 학자들은 양쪽 발목을 포개는 행동에 대해 현재 마음속에 가진 부정적 감정이나 공포, 불안, 의심, 망설임 등 심리적 불편을 감추려 하는 상태라고 설명한다. 치과 치료를 앞둔 환자를 대상으로 진료 대기 도중의 모습을 관찰했더니 무려 88%가 의자에 앉자마자 양쪽 발목을 포갰다고 한다. 또한 치과 의사가 주사를 놓으려 할 때는 98%의 환자가 발목을 포개는 자세를 보였다고 하니 발의 모양 상태가 얼마나 한 사람의 감정 상태를 고스란히 드러내는지 알 수 있다.

여기서 우리가 주목할 점은 부정 감정을 담아내는 다리와 발 동작이, 즉 본인의 잘못된 습관 때문에 본의 아니게 타인에게 잘못 전달될 수 있다는 것이다. 결과적으로 발목을 자주 포개거나 두 발을 의자 안쪽으로 들여 넣는 습관과 다리를 덜덜 떠는 버릇이 있는 사람은 하루빨리 고치는 것이 좋다. 오랜 세월 다리 떠는 습관을 갖고 있던 나 역시도 떨지 않기 위해 의식적으로 노력하고 있지만, 생각만큼 쉬운 일은 아니다.

참고로 마주하고 있는 사람이 마음에 들거나 현재 상황이나 대화 등에 긍정적이면, 그래서 적극적으로 참여하려는 의사가 있는 사람들은 발을 의자 아래로 감추지 않고 앞으로 내밀고 있다.

상대가 마음에 들면
본인도 모르게 하는 발동작

> "아, 저 여자분 남자가 엄청 마음에 안 드나 보네요. 계속 발장난을 치고 있네."

카페에서 업무 미팅을 마치고 일어서는데 함께 있던 A 강사가 멀찌감치 보이는 한 커플의 테이블을 보고 혀를 차며 말했다.

"아, 아니에요. 강사님, 저 여성은 남자를 아주 마음에 들어 하고 있어요. 강사님은 저런 적 없었어요?"

의외로 연인들의 데이트 현장에서 많이 목격되는 장면 중 하나가 바로 여성들이 신발을 반쯤 벗어서 발가락에 걸쳐 두고 대롱대롱 흔드는 모습이다. 이런 행동은 상대가 마음에 들거나 심리적으로 편안할 때 하게 된다. 놀랍게도 남성들은 여성들의 이런 자세에 본인들도 모르게 마음이 움직인다고 한다.

남성의 경우에는 함께 마주하고 있는 여성이 이런 자세를 보인다면 현재 호감이나 편안함을 느끼고 있다는 긍정 시그널로 해석해도 좋다. 또한 여성의 경우 상대 남성이 마음에 든다면 의도적으로 신발을 발가락에 살짝 걸친 후 흔들기를 시도해 보자. 남성들은 이런 자세에서 매력을 느낀다고 하니 밑져야 본전이 아닐까?

거짓말 탐지기가 될 수 있는 다리와 발

혹시라도 누군가가 거짓말하는 것 같은 느낌이 든다면 이제는 다리와 발 모양에도 주목해 보자. 눈빛이나 전체적인 표정, 손 모양은 의식하고 학습한다면 어느 정도 그 움직임과 변화를 통제할 수 있다. 그에 반해 다리와 발은 덜 신경을 쓰거나 아예 생각하지 못하는 사람들도 많다. 거짓말하는 사람들의 경우, 하체의 움직임이 증가한다고 심리학자 폴 에크만(Paul Ekman)은 말했다.

결국, 우리는 전신이 노출된 상황에서 상대가 거짓말한다고 의심될 때 유심히 다리와 발 모양을 관찰한다면 거짓말을 잡아낼 확률이 높아지는 것이다.

면접관으로 여러 기업과 공공기관에 가 보면 절대 막혀 있는 책상에서 면접이 진행되지 않는다. 이는 하체를 감출 수 있는 여건을 만들어 주지 않는다는 것이다. 더 정확하게는 지원자들의 거짓말을 간파하기 위한 하나의 전략이기도 하다. 일반적으로 다리를 꼬지 않고 벌린 자세는 개방적이고, 꼰 자세는 폐쇄적이거나 불확실한 상황을 나타내는 태도다.

내 앞에 있는 이성이 팔짱을 끼고 다리까지 꼰 상태에서 몸을 뒤로 젖히거나 앉아서 고개를 들고 무표정인 상태로 시선을 다른 곳을 향하고 있다면 '여기까지가 끝인가 보오!'로 받아들이길 권한다. 이런 상태에서 말로는 "괜찮다, 마음에 든다."라고 해도 이는 거짓말일 확률이 몹시 높다고 본다.

특히나 남성의 경우에는 남성성을 어필하거나 영역 과시를 위해 주로 다리를 벌리는데, 습관적으로 다리를 꼬는 사람도 있다. 이런 경우 꼬고 있는 다리의 방향을 보면 상대에 대한 호감 여부를 파악할 수 있다. 보통은 마음에 드는 사람 쪽으로 다리의 방향을 둔다.

만약에 함께 있는 상대가 상체는 나를 향하고 나의 말을 잘 들어 주는 것처럼 반응하고 있다고 해도 다리와 발을 흔들거나 산만하게 움직인다면 그는 결코 집중하고 있지 않은 것이다. 더 나아가 상대방의 다리와 발이 출입문 쪽을 향해 있다면 이미 그 사람의 마음은 문밖에 있을 수 있다.

물론 주변 정황, 즉 맥락이 중요하다. 미소를 머금은 표정과 부드럽고 친절한 말투를 보이면서 몸을 앞으로 기울이기까지 하는데 단지 다리를 꼬고 있다고 해서 혹은 발의 방향이 자신을 향하고 있지 않다고 해서 '엇! 뭐지? 내가 마음에 안 드나?'라고 판단해서는 안 된다는 뜻이다.

유혹할 게 아니라면 손,
절대 이렇게 하지 말자

실습형 강의를 진행하다 보면 여성 교육생들에게 많이 보이는 행동이 몇 가지 있다. 이론 교육을 마치고 실제로 현업에서 보고하듯 똑같이 보고 브리핑 실습을 하는데 이 과정에서 말하는 도중에 손을 입으로 가져가거나 입술을 만진다거나 머리카락을 만지다가 귀 뒤로 쓸어 넘기는 행동을 하는 경우가 있다. 그리고 설명하면서 사용했던 손의 손목을 힘없이 툭 늘어뜨리는 행동이 많이 목격된다.

일단 손을 입으로 가져가는 행동은 고민하는 모습으로도 해석되지만, 남성 입장에서는 입술을 만지는 여성을 관능적으로 보기 쉽다고 한다. 또한 머리카락을 쓸어 올리거나 어깨 뒤로 넘기는 행동도 오해를 사기 딱 좋다.

본능적으로 여성이 마음에 드는 이성을 만나면 팔과 손을 들어 머리를 쓸어 넘기면서 손목과 목선과 귓불을 노출해 여성성을 어필하게 된다. 그리고 설명하면서 제스처로 사용하던 손을 툭 늘어뜨리는 행동도 힘없음이나 복종 등의 신호로 이성에게 쉽게 지배를 허용하는 행동이라고 한다. 굳이 업무상 이런 행동을 할 필요가 있을까? 이와 같은 행동은 업무상 신뢰감을 주는 행동과는 아주 거리가 멀다. 이런 습관은 꼭 고쳐야 한다.

그러나 상황이 만약 다르다면 어떨까? 좋아하는 남성에게 매력을 어필하고 싶어서 적당히 활용했을 경우에는 도움이 될 것이다. 또한 내 앞에 있는 여성이 고개를 옆으로 약간 젖힌 상태에서 머리카락을 쓸어 넘기거나 귀에 꽂는 행동을 보이거나 말할 때 수시로 손목을 늘어뜨린다면 당신의 시선을 의식하고 있는 호감의 상태라는 것도 알 수 있다.

결과까지 바꿔주는
효과 만점 손 제스처 활용법

"오, 맛있겠다! 엄마가 해주는 연어 초밥은 과연 어떤 맛일까?"

모처럼 음식 솜씨를 뽐내던 어느 주말 점심이었다. 식탁에 준비된 음식을 보고 여덟 살 아들이 손바닥을 비비면서 음식에 대한 기대감을 한껏 드러냈다. 손바닥을 마주해서 살살 비비는 몸짓은 매우 긍정적 신호로 어떤 대상에 대한 기대감이 크다는 뜻이다. 접시 위에 놓인 초밥 하나를 입에 넣은 아들은 손등으로 턱을 괴더니 이렇게 말했다.

"역시, 나는 우리 엄마가 해주는 요리가 세상에서 제일 맛있더라!"

고마움을 표현하는 아들의 말 자체가 고맙고 사랑스러웠지만 사실 아들이 무의식적으로 한 몸짓에 나는 더욱 기분이 좋았다.

보통 두 손의 손등을 포개서 턱을 괴는 몸짓은 상대의 관심을 끌고 싶거나 호감을 나타낼 때 나오는 행동이다. 아직 어린 아들의 순수한 마음이 그대로 몸짓으로 나타났다. 그리고 그 마음이 너무나

예뻤고 감사했다. 누군가가 당신 앞에서 손등을 포개 턱을 괸 채 미소 짓는 얼굴을 받쳐 들고 있다면 그 사람은 당신을 좋아하고 있다는 긍정 시그널을 보내고 있다고 확신해도 좋다. 손은 말보다 더 많은 메시지를 대신하기도 한다. 손을 통해 상대방의 생각을 읽을 수도 있기에 그 생각을 파악해서 대화의 방향을 달리한다면 결과까지도 바꿔 놓을 수 있다.

손바닥은 복종, 순수, 진실, 정직, 충성, 호의, 개방 등을 의미한다. 본능적으로 사람은 자신의 잘못을 부인할 때, 진실을 이야기하는 과정에서 손바닥 전체를 노출하는 경향이 있다.

"제가 그런 거 아니에요. 진짜 정말 제가 깬 거 아니에요"

어느 날 깨진 꽃병 앞에서 아들은 두 손바닥을 좌우로 흔들면서 꽃병을 깬 사람은 자기가 아니라고 강하게 부인했는데, 이때도 본능적으로 아들은 손바닥 전체를 보여주면서 진실함을 강조했다.

반면에 거짓말할 때는 본능적으로 손바닥을 감추려 한다. 만약 정황상 의심이 가는 상황에서 상대가 주머니 안에 손을 찔러 넣고 있거나 손을 몸 뒤로 숨기고 있다면 거짓말하고 있을 확률이 높다. 따라서 거짓말한다는 의심을 받고 싶지 않다면 손바닥을 숨기려 하지 말자.

테이블이 있다면 테이블 위로 손바닥을 올려두거나 뒷짐을 지는 습관이 있다면 고쳐야 한다. 상대의 손이 보이지 않으면 무의식적으로 그 사람을 신뢰하기가 어렵고, 심지어 불안한 감정까지 느낄 수 있다고 하니 아무래도 되도록 손을 보이는 습관을 갖는 게 좋겠다.

손바닥이 주는 힘은 매우 크다. 매력적인 사람들은 손바닥 노출을 전략적으로 잘 활용한다. 손바닥을 위로 향한 자세를 수시로 보이면서 대화를 이어 나가거나 사람들 앞에서 말하게 되면 상대방은 강요를 당한다거나 위협을 받고 있다는 생각이 들지 않는다. 손바닥을 보여주는 몸짓은 '당신을 헤칠 무기가 없어요.'라는 것을 보여주는 행동이기도 하다. 요청하거나 설득하거나 권한을 부여해야 한다면 손바닥을 위로 향하는 제스처를 사용해 보자.

반대로 손바닥을 아래로 향하는 몸짓은 권위, 권력, 명령, 힘, 보수 등을 상징한다. 따라서 같은 말을 하더라도 손바닥이 아래로 향해 있다면, 그래서 손등이 자주 노출된다면 상대방 입장에서는 명령을 받는다는 느낌으로 다소 적대감을 갖기에 충분하다. 특히 동등한 위치의 사람과 함께할 때 계속해서 손등을 노출하게 된다면 그것이 설득이든 요청이든 손바닥을 노출했을 때보다 거절당할 확률이 확실히 높다. 그렇다고 손바닥을 아래로 향하는 몸짓을 절대 하지 말라는 말은 아니다. 필요에 따라서는 적절히 사용했을 때 결과를 바꿔 놓을 수도 있다.

"워워…, 그만 그만! 위험해요!"

놀이터에서 그네를 타는 아들이 흥을 이기지 못해 점점 더 높게 그네를 타려고 했다. 그때 아들을 향해 취했던 몸짓은 손을 들어 손가락 사이사이를 벌린 손바닥을 바닥으로 향한 채 위아래로 반복적으로 움직이는 것이었다. 이 몸짓은 어떤 상황을 멈추도록 유도하기 위해 매우 효과적이다.

손가락질은 어떨까? 방향을 가리킬 때를 제외하고는 그리 추천하고 싶지 않다. 아무리 긍정의 말이라 해도 사람을 향해 삿대질하듯 가리키는 손가락질은 몹시 불쾌하기 때문이다. 더불어 하지 말아야 할 것을 더 언급하자면 바로 볼펜 끝이나 턱 끝으로 하는 몸짓이다. 손가락질하지 말라고 하면 그 대신 볼펜 끝이나 턱 끝으로 가리키는 사람들이 있는데 이 또한 충분히 상대를 불쾌하게 만들 수 있음을 기억하자.

4장
말하지 않아도
진심이 통하는 얼굴과 표정

대한민국에 펭수를 모르는 사람은 드물 것이다. 확실한 가치관과 뚜렷한 자기 철학, 소신 있는 발언이 개인적으로 아주 마음에 든다. 거기다 다양한 패션 아이템과 뛰어난 음성 언어 연출로 유쾌하게 의사소통하는 것도 매력적이다. 하지만 펭수에게는 치명적인 단점이 하나 있다. 신체적으로 불리한 조건 때문에 몸짓 언어를 다채롭게 사용하지 못한다는 점이다. 특히 표정이 그러하다.

실제로 나는 강의할 때 펭수의 표정 언어를 자주 언급한다. 하나의 표정 때문에 매우 뛰어난 음성 언어 표현에도 불구하고 자칫 오해를 사기 쉽기 때문이다. 아무리 기뻐도, 슬퍼도, 화가 나도 펭수는 표정이 하나다. 안타깝다. 그런 펭수가 충무로에서 영화 오디션을 보는데 몸짓 언어와 음성 언어의 표현력은 뛰어나지만 표정 연기가 따라 주지 않기에 불합격이라는 답변을 전해 받는다.

말의 내용과 표정은 일치해야
그 힘이 커진다

펭수의 사례는 하나의 에피소드로 웃어넘길 수 있다. 하지만 만약에 우리가 단 하나의 표정으로 살아가야 하는 상황이라면 상황은 매우 달라진다. 사실 억지스러운 가정 설정이지만 그런 상황이라면 과연 제대로 된 의사소통을 할 수 있을까? 물론 어려울 것이다.

몇 해 전 시의원들을 대상으로 제주도에서 커뮤니케이션 특강을 할 때였다. 강의 참여도가 얼마나 좋았던지 그들은 어떤 말을 해도 적극적인 리액션을 보여주었다. 단 한 사람을 제외하고 말이다.

'아, 내가 마음에 안 드시나? 강의 사례가 적절치 않았나? 아니면, 어디 불편하신가?'

워낙 표정의 격차가 극명했기에 많은 이의 격한 반응 속에서 신경을 쓰지 않으려 해도 나의 시선은 그분의 표정을 파악하려고 분주했다. 강의를 마치고 식사를 하는데 강의 내내 무표정했던 그분이 동석했다. 흥미로운 사실은 무표정이었던 그분이 식사하는 내

내 강의에 대해 폭풍 칭찬을 쉬지 않았다는 것이다. 더 놀라운 사실은 그때도 무표정이었지만 말이다. 말의 내용은 백 마디 모두 칭찬이었지만 시종일관 근엄한 목소리와 움직임이 거의 없는 무표정이었기에 칭찬으로 와 닿지는 않았다.

"의원님, 표정이 무표정이다 보니까 칭찬을 받는데 어쩐지 혼나는 느낌이 드는 건 기분 탓이겠죠?"

나의 말에 함께 식당 테이블에 앉아 있던 사람들은 크게 웃으면서 한마디씩 거들었다. 그분은 평소에도 늘상 그렇다는 것이었다. 맛있는 것을 먹어도 기분 좋은 일이 생겨도 크게 표정의 변화가 없다고 했다.

얼굴에서 '얼'은 '영혼'을 의미하고 '굴'은 '통로'라는 뜻이다. 얼굴은 한 사람의 첫인상에 매우 큰 영향을 준다. 얼굴은 자신을 표현하고 나타내는 정보이자 이미지의 전부가 될 수도 있다. 그런 만큼 상대방의 표정이나 인상을 통해서 우리는 현재의 감정 상태, 건강 상태 그리고 교양 등을 파악하기도 한다. 따라서 말의 내용과 표정이 일치하지 않는다면 그 말에 대한 신뢰도는 당연히 떨어지게 된다. 정성스럽게 음식을 만들었는데 그 음식을 맛본 사람의 얼굴을 보니까 미간은 찌푸리고 있고 입꼬리는 아래로 내려간 상태에서 음식 맛이 좋다고, 아주 맛있다고, 먹을 만하다고 말하는 사람의 말을 과연 우리가 순수하게 받아들일 수 있을까?

"나는 당신이 참 좋습니다. 첫눈에 반했습니다. 저의 마음을 받아주세요."

글만 놓고 보면 참으로 설레는 말이다. 하지만 누군가가 무표정으로 이 말을 한다면 어떨까? 그렇다. 진정성이 느껴지기는커녕 무서울 것이다. 실제로 무표정이나 화가 난 얼굴로는 절대 칭찬이나 긍정의 말을 할 수 없다는 연구 결과가 있다.

한번 생각해 보자. 긍정의 이야기를 할 때 무표정인 사람과 잔잔한 미소 혹은 활짝 웃는 얼굴로 말하는 사람 중 누가 더 매력적인가? 당연히 후자일 것이다. 그렇다고 항상 웃으면서 말하라는 뜻은 아니다. 내가 지금 전달하고자 하는 메시지의 성격에 맞는 표정이어야 한다. 거듭 강조하지만, 말의 내용과 표정이 일치할 때 그 사람의 이미지가 좋아지고 또 말의 힘이 커진다.

매력적인 인상 만들기 프로젝트

낯선 거리에서 길을 잃었다고 가정해 보자. 거리에 있는 많은 사람

중 당신은 어떤 사람에게 길을 물어볼 것인가? 매서운 눈빛의 사람인가 부드러운 인상의 사람인가? 그렇다. 아마도 인상이 좋은 사람에게 길을 물어볼 확률이 더 높다. 그렇다면 이 글을 읽고 있는 이 순간, 누군가 당신에게 "당신은 인상이 좋은 사람입니까?"라는 돌발 질문을 한다면 어떻게 대답할 것인가?

매력적인 사람, 호감 가는 사람들의 공통점은 단연 밝고 부드러운 인상을 갖고 있다는 것이다. 밝고 부드러운 인상을 좌우하는 것은 미소이다. 자연스러운 미소를 가진 인상은 사람을 기분 좋게 한다. 또한 미소는 본인의 건강에도 좋다. 연구에 의하면 긍정적인 감정이 웃음과 미소를 통해 반응을 보이면 면역 반응을 증가시키고 침 속의 코르티솔(Cortisol, 급성 스트레스에 반응해 분비되는 물질) 분비를 감소시키는 것으로 나타났다. 이때 뇌가 느끼는 기분 좋은 감정은 혈청 성분 중 면역에 중요한 역할을 하고 항체 작용을 하는 단백질인 면역 글로불린(Immunoglobulin)의 분비를 증가시켰다고 한다. 다시 말해서 웃거나 미소 짓는 등의 기분 좋은 상황에서 신체의 전반적인 건강이 향상되는 것이다.

호감을 주는 매력적인 인상 만들기의 핵심인 미소 훈련의 기본은 눈썹에 있다. 눈썹 주변의 근육부터 풀어야만 부드러운 인상을 만들 수 있다. 양손의 검지를 수평으로 눈썹에 가볍게 올린 다음 눈썹을 위아래로 움직여 주자. 이마의 주름이 생기도록 눈썹을 올렸다가 약 3초 후에 내리는 동작을 반복하면 된다. 이렇게 연속적으로 5~10회가량 반복해 보자.

기본 훈련을 마쳤다면 이번에는 입꼬리 올리기 연습을 해 보자. 양 입술 사이에 종이 한 장을 문 듯한 느낌으로 살짝만 다물어 보자. 그리고 양 끝을 '이' 하면서 쭉 벌려 주고 다시 '우' 하면서 내밀어 주자. 3회가량 반복해 준 뒤, '위스키' 한 상태로 입꼬리를 올려준 뒤 힘을 빼고 입술을 살짝 다문다. 그리고 이번에는 앞서 연습했던 눈썹 올리기를 입꼬리 올리기 연습과 동시에 해주면 된다. 이때 가능하다면 7초 이상 유지하는 연습도 해주자.

미소는 사람의 마음을 여는 열쇠임이 틀림없다. 관계에 긍정적인 영향을 주는 것은 물론이고 나 자신의 정신 건강에도 유익하다. 그런 만큼 꾸준한 연습과 노력으로 호감을 부르는 매력적인 인상 만들기에 진심을 다해 보자.

초두 효과와 악마 효과

"지민 씨는 참 감각 있고, 세련됐어. 그리고 똑똑하고 사랑스럽고 일도 잘하고, 그런데 살짝 고집이 있어. 그리고 질투가 심하고, 충동적인 면도 자주 보이더라. 사치스러운 거 같기고 하고…"

A 씨가 직장 동료인 지민 씨를 학교 후배에게 소개시켜 주는 과정에서 그녀에 관한 자신의 생각을 위와 같이 전했을 때 소개받은 당사자는 첫 만남에서 어떤 느낌부터 들었을까?

맨 처음에 제시된 정보가 나중에 들어온 정보보다 더 큰 영향력을 행사하는 것을 '초두 효과'라고 한다. 앞서 지민 씨에 대한 정보를 줄 때 먼저 긍정적인 이야기부터 하고 다소 부정적인 이야기는 뒤로 미뤘다. 위의 정보를 들은 남자가 현장에서 처음으로 지민 씨를 만나 첫인상을 파악하기 위해 표정, 인사, 자세, 동작, 옷차림 그리고 태도 등 주로 외적인 부분을 보고 좋은 느낌이었다면 앞서 선배가 전해줬던 초두 효과까지 더해지면서 '오, 역시! 세련됐다고 하더니 스타일이 좋구나', '일도 잘하고 똑똑하다고 하더니 말도 조리 있게 잘하네?' 등 좋게 해석하려는 경향을 보이게 된다.

이런 초두 효과가 나타나는 이유는 맨 처음에 제시된 정보가 맥락을 형성하고 이 맥락에서 나중에 제시된 정보를 해석하기 때문에 나중에 제시된 정보는 의미의 전환이 일어날 수도 있다는 것이다. 그래서 첫인상이 좋으면 그 맥락이 이어져서 혹여라도 이후에 실수하게 되더라도 관대하게 이해하게 되는 원리라고 보면 되겠다.

지민 씨의 스타일과 말투를 보고 첫눈에 반한 소개팅남은 이제 지민 씨의 이 장점, 매력 때문에 관찰하기 어려운 다른 성격적인 특성들도 모두 긍정적으로 평가하게 된다. 이런 현상을 '후광 효과'라고 한다.

 이와 반대의 개념인 '악마 효과'도 있다. 맨 처음 나쁘게 보인 인상 때문에 다른 측면까지도 모두 부정적으로 평가되는 것을 말한다. 악마 효과는 참 억울하다. 그런 만큼 매력적인 첫인상을 만들기 위해서 호감형 표정부터 기본적인 매너까지 동시에 신경을 써야 한다.

그렇다고 꼭 첫인상이 전부는 아니다

첫인상만큼이나 이후 만남이 진행되는 과정에서의 중간인상, 끝인상도 중요하다. 만남이 진행되는 과정에서 말하는 태도와 말투 그리고 말의 내용 등으로 평가되는 중간인상은 첫인상이 좋았다면 그 좋은 이미지를 보다 더 강하게 각인시킬 수 있으며, 혹시라도 부정적이었다면 좋은 이미지로 바꿀 수 있는 좋은 기회가 될 것이다.

 그러나 첫인상의 영향과 혹은 과거 부정적 이력으로 생긴 편견이나 선입견 때문에 중간인상을 좋게 만들기 어려운 사람도 있다. 이런 경우에는 진정성이 느껴지는 말투와 표정이 무엇보다 중요하다. 열린 몸짓을 자주 사용하면서 눈맞춤에도 신경을 써야 한다.

 그리고 '방사 효과'를 간헐적으로 사용해 봐도 좋겠다. 방사 효과란 매력적인 사람과 같이 있으면 사회적 지위나 자존감이 향상되는 것을 말하는데, 본인의 지인 중 평판이 좋거나 매력적인 사람이 있다면 그 사람과 관련된 에피소드 등을 언급하는 것이다. 우리나라 사람들이 좋아하는 사자성어 중에 유유상종(類類相從, 같은 무리끼리 서로 따르고 좇음)이 있듯이 생각이나 가치, 성품 등이 비슷한 사람끼리 어울린다고 생각하기 때문에 거짓이나 허세가 아닌 사실을 바탕으로 한 이야기들을 전하면서 방사 효과를 활용해 봐도 좋겠다.

강의할 때 오프닝만큼이나 심혈을 기울이는 것이 바로 클로징, 즉 마지막 인사다. 그날 한 강의 내용의 핵심을 정리하는 것과 더불어 임팩트 강한 메시지를 한두 문장으로 정리해서 전달한다. 이것은 그날의 강의와 또 그 강의를 진행한 강사에 대한 끝인상을 좋게 만들기 위한 노력이다.

마찬가지로 관계에서도 첫인상만큼이나 끝인상에도 신경을 써야 한다. 만남이 마무리되는 과정에서 결정되는 끝인상은 자칫 소홀하기 쉽다. 하지만 사람은 마지막에 제공되는 정보나 가장 최근에 받은 이미지를 더 잘 기억하는 경향이 있다. 그것을 '최근 효과'라고 한다.

한 사람에 대한 인상 평가에 큰 영향을 주는 끝인상을 위해 마지막까지 인사나 자세, 시선이나 말투 등에 신경을 써서 보다 더 매력적인 사람이 되자.

나의 얼굴을 돋보이게 하는
오픈 페이스와 퍼스널 컬러

사람의 얼굴은 좌우가 비대칭이다. 얼굴의 좌우 둘 중 상대적으로 더 매력적인 부분을 의도적으로 많이 노출하는 것을 오픈 페이스라고 한다. 자신의 좌우 어느쪽이 더 매력적인지를 스스로 진단하기보다는 타인의 시선을 통해 진단하는 것을 추천한다. 만약 좌우 둘 중 상대적으로 더 매력적인 곳을 찾았다면 혹은 본인이 추구하는 이미지에 더 부합하는 곳이라면 당장 가르마부터 그 방향으로 바꿔주자. 그리고 사진을 찍거나 사람들과 관계를 맺을 때 의도적으로 더 매력적인 부분을 수시로 보여주는 것이다.

나는 왼쪽보다 오른쪽 얼굴이 더 매력적이다. 오른쪽 눈이 더 크고 왼쪽보다 팔자 주름도 덜하고 피부도 더 탄력 있는 등 전반적으로 오른쪽 얼굴이 왼쪽보다 괜찮다. 왼쪽 눈썹 라인에는 바늘로 꿰맨 수술 자국까지 보인다. 그렇지만 왼쪽 얼굴은 오른쪽 얼굴에 비해 단호하고 똑부러지는 이미지가 강하다. 나의 직업이나 하는 일을 위해서는 아름다움보다는 신뢰감에 더 초점을 두기 때문에 나의 오픈 페이스는 전략적, 의도적으로 왼쪽이다. 그래서 가르마를 왼쪽에 두고 있고 사진 촬영이나 동영상 촬영 등 중요한 작업이 있을 때 왼쪽 얼굴을 더 많이 노출하려고 한다.

자신이 추구하려는 이미지 메이킹을 통해 매력을 한층 더 향상할 수 있는 또 하나의 방법은 컬러의 활용이다. 미국 컬러 리서치 연구소에 의하면 사람들이 상품을 선택할 때 초기 90초에 잠재적으로 결정을 하는데, 이때 그 상품이 좋고 싫다는 판단의 60~90%가 컬러에 의해 좌우된다고 한다. 그 때문에 기업에서는 제품을 디자인할 때 컬러에 더 많은 신경을 쓰는 것이다.

사람도 마찬가지다. 매력적인 사람들의 스타일을 보면 컬러의 조합이 좋고, 또 본인에게 잘 어울리는 컬러의 옷과 화장, 소품들을 활용한다. 개인의 신체 색과 조화를 이루어 자신을 돋보이게 하는 컬러를 '퍼스널 컬러(Personal Color)'라고 하는데 한마디로 나에게 가장 잘 어울리는 컬러라고 보면 되겠다.

나와 어울리지 않는 컬러로 이미지 메이킹을 하면 일단 얼굴이 칙칙하고 어두워 보인다. 그래서 개인 신체 고유의 피부색, 머리카락 색, 눈동자 색 등의 조화를 이루는 색채를 분석해서 자신에게 어울리는 색에 따라 스타일링을 하면 건강해 보이고 세련된 이미지로 매력을 향상할 수 있다.

5장
끌리는 거리, 호감 가는 신체 접촉의 기술

주말마다 축구를 하러 다니는 남편의 피부가 점점 구릿빛으로 변하고 있었다. 이러다가는 금방 까맣게 되겠다 싶어 강력한 자외선 차단제를 사기 위해 화장품 가게를 방문했다. 천천히 기능을 따져 보면서 구매하려고 했는데 자꾸만 직원이 다가와서 말을 걸었다. 물론 구매 결정에 도움을 주려 한다는 건 알지만 너무 가깝게 다가오는 직원이 몹시 불편했다. 어느 순간 뒷걸음을 치고 있는 내 자신을 발견했다. 괜찮다고 혼자 천천히 살펴보고 필요하면 도움을 청하겠다는 말까지 했지만, 그녀가 내 뒤를 졸졸 따라다니는 느낌이 들 정도로 딱 붙어 다녔다. 결국, 과잉 서비스 때문에 그 가게에서 물건을 구매하지 못하고 그냥 나왔던 경험이 있다.

비슷한 경험이 또 있다. 기차를 타고 지방 출장을 갔을 때의 일이다. 기차역 앞에서 택시를 타기 위해 두리번거리며 방향을 찾고 있는데 난생처음 보는 한 남자가 불쑥 곁에 다가오더니 자기가 길을 안내해 주겠다는 것이다. 세상에나! 어찌나 깜짝 놀라고 무서웠던지…. 아직도 그 낯선 남자의 얼굴이 생생하다. 뛰는 심장을 달래면서 일단 가야 할 방향을 무시하고 바로 눈앞에 있는 택시에 올라탔던 경험이 있다.

친해지고 싶다면 거리와 속도를 계산하자

결혼한지 칠 년 만에 이사를 했다. 이사하면서 야심 차게 베란다를 카페형으로 꾸몄다. 이때 신경 쓴 것 중 하나가 바로 테이블의 크기였다. 가족과 사랑하는 사람에게만 허락되는 공간이 있는데 그 거리가 약 15~45㎝이다. 한 사람의 숨소리, 체취 등을 고스란히 느낄 수 있고 또 전할 수도 있는 거리다. 이 거리는 감정적으로 가까운 사람 혹은 친밀한 신체적 접촉이 가능한 사람들에게만 접근이 허용된다. 그런 점을 감안해서 다소 폭이 좁을 수 있는 45㎝의 원목 원형 테이블을 배치한 뒤 남편과 함께 가끔 맥주도 마시고 커피도 마신다. 물론 동공의 크기 변화를 위해 조명도 은은한 것으로 배치했다.

  지인의 집들이에 초대를 받아서 가족 모두가 찾아간 적이 있었다. 아들보다 한 살 어린 비슷한 또래의 아이가 있는 집이다 보니 집

안에는 놀거리 볼거리가 다양했다. 그런 만큼 우리 아들의 호기심은 최대치에 올라 있었다. 그리고 몇 분이 채 지나지 않아서 지인의 아들이 자지러지게 우는 일이 벌어졌다. 너무 놀라서 모두 뛰어가 보니 싸움이 있었던 것도 아니었고 또 놀다가 다친 것도 아니었다.

"형아가 내 놀이 텐트 안으로 들어왔어요. 형아가 내 2층 침대 위에도 올라갔어요."

그렇다. 사람은 본능적으로 자신의 영역에 친분이 없는 사람이 접근하면 위협을 느끼거나 불편해한다. 앞서 화장품 매장과 기차역에서 경험했던 기분처럼 말이다. 영업뿐만 아니라 관계에 있어서 상대방과의 거리 조정은 꼭 필요하다. 상대가 요구하지도 않았는데 혹은 상대와의 친밀감이 아직 형성되지도 않았는데도 너무 들이대면 적의 신호로 받아들이고 공격 태세를 취하게 된다. 친해지고 싶은 마음에 급하게 다가가면 오히려 관계를 그르치게 된다. 상대방에게 속도를 맞춰 주자.

적당한 거리가 오히려 좋을 때

서양은 확실히 우리나라보다 파티 문화가 발달되어 있다. 영화를 보면 친구들을 집으로 초대해서 자유롭게 파티를 즐기는 모습을 많이 볼 수 있다. 유심히 그 장면들을 살펴보면 서로 마주하고 있는 사람들의 거리가 두 사람 사이에 한 사람 정도가 있는 듯 공간을 만들어 두고 있다. 실제로 미국 사람들은 친분이 있는 사람이나 평소 알고 지낸 지 오래된, 그래서 믿음이 있는 사람과 함께할 때는 약 45~60㎝의 거리에서 대화 나누기를 좋아한다고 한다.

인류학자 에드워드 홀(Edward Hall)은 15~45㎝ 사이는 친밀한 거리이고 46㎝~1.2m 사이는 친구들과의 만남이나 친분을 나눌 수 있는 사적인 거리라고 말한다. 사적인 거리라면 충분히 앞에 있는 사람과 팔이 닿는 위치이기 때문에 친구나 가족들과 상호작용을 하기 좋은 위치가 된다.

그러니까 아직 친해지지도 않았는데 마음만 급해서 자꾸 상대방에게 가까이 다가가려 했다면 앞으로는 조심해야 한다. 업무적으로 만났거나 아직 관계 형성의 시작 단계라면 약 1.2~3.6m의 사회적 거리를 둬야 한다. 낯선 사람이 자신에게 가까이 다가오면 불편하듯 상대도 마찬가지라는 사실을 꼭 기억하자.

매력이 스며드는 효과적인 자리 배치

살면서 자리 배치에 신경을 써 본 일이 몇 번이나 될까? 학창시절

맨 앞자리를 기피했던 학생의 경우에는 어떻게 해서든 앞자리에 앉지 않으려고 노력했을 것이다. 팀 전체 회식이 있을 때 평소 불편했던 동료나 마냥 어려운 직장 상사의 자리 근처에 앉기 싫어서 눈치를 봤던 경험도 한 번쯤 다들 있지 않을까? 어떻게 앉느냐에 따라서 우리는 시선을 잘 주고받을 수도 있고, 감정이 담긴 몸짓 언어를 행사했을 때 신체적 접촉이 가능할 수도 있다.

비즈니스 매너에서는 상석이라는 개념으로 자리 배치를 중요하게 다룬다. 이처럼 자리 배치는 상호작용에 많은 영향을 준다. 사소한 부탁이나 타협을 해야 하는 자리라면, 특히 비즈니스상 식사를 해야 하는 경우라면 테이블의 코너를 끼고 90도로 앉는 형태가 관계의 매력을 더 키워줄 것이다. 연구에 의하면 이런 자리 배치에서 의사소통이 순조로웠고 그 결과 또한 긍정적이었다고 한다. 사람은 서로 마주 보는 것보다 90도 직각의 자리 배치일 때 상호작용이 더욱 활발하다고 한다.

만약 누군가를 업무상 설득해야 하는 상황이라면 테이블을 보고 마주 앉는 형태가 좋겠다. 이런 자리 배치는 시선을 마주치기가 쉽고 격식을 차린 긴장된 분위기나 토론을 통해 상대를 설득하는 데 효과적이다.

연인 사이와 같이 친밀도가 높은 관계나 부모와 어린 자녀들이 선호하는 나란히 붙어 앉는 자리 배치는 서로 시선을 부딪치지 않고 말할 수 있어서 약간 무리한 부탁과 의뢰를 하기 좋다고 한다.

좋은 관계를 만들어 주는
터치인 듯 터치 같지 않은 터치

"여성들이 가장 좋아하는 남성의 터치는 과연 무엇일까요?"

한 예능 프로그램에서 진행자가 패널들에게 질문했다. 이때 같이 TV를 보고 있던 남편은 그 질문이 떨어지기가 무섭게 나의 정수리를 쓰다듬으면서 '씨익' 웃었다.

"네, 맞습니다. 남자들이 머리카락을 헝클 듯 여성의 머리를 쓰다듬을 때 굉장히 설렌다고 하는데요."

진행자의 말에 남편은 또 한 번 '씨익' 웃었다. 신체 접촉은 가장 원초적인 비언어적 의사소통 방식이다. 좋아하는 사람이 있으면 함께하고 싶고 또 만지고 싶은 것은 본능이다. 하지만 자칫 무례한 터치로 관계가 틀어질 수도 있고, 성희롱으로 오해를 받을 수도 있기에 특히 조심해야 한다.

가장 안전하고 효과적인 방법은 상대의 어깨부터 팔꿈치 사이를 손으로 가볍게 터치해 주는 것이다. 이때 3초 이상을 넘기지 않도록 주의하자. 친밀함이 어느 정도 있는 사이에서는 가볍게 등이나 손등을 1초가량 아주 짧게 터치하는 것도 나쁘지 않다. 다시 강조하지만 가벼운 터치이다. 긴 시간 상대의 몸에 손을 대고 있거나 쓰다듬고 만진다는 느낌이 들게 해서는 절대 안 된다.

실제로 미국의 한 식당 종업원들을 상대로 한 '고객 터치' 실험에서 흥미로운 결과가 나왔다. 신체 접촉이 전혀 없었던 직원보다 손님에게 약 1.5초에서 0.5초가량 어깨에 손을 댄 종업원에게 더 많은 팁을 줬다고 한다. 물론 한국의 정서상 서양보다는 확실히 신체 접촉에 있어 보수적인 경향이 있다. 그 때문에 앞서 언급했듯이 어깨부터 팔꿈치 사이의 위치, 그리고 아주 짧은 시간의 터치로 터치인 듯 터치 아닌 터치를 가볍게 해주는 게 좋겠다.

강력한 메시지를 전하는 신체 접촉, 악수

"악수하는 손이 당신을 말한다."

실제로 악수를 하는 모습만 봐도 비즈니스의 결과가 예측될 때가 있다. 악수할 때 상대방의 제안이나 상황, 그 사람 자체에 대해 비호감인 경우 전략적으로 '나는 당신과 거래를 하고 싶지 않다.'라는 의미로 죽은 생선을 잡은 듯 악수하기도 한다. 만약 의도한 것이 아니라면 절대 이런 악수를 하지 말아야 한다. 이렇게 힘없고 소극적인 악수는 상대방에게 굉장히 소심하고 의욕 없는 사람으로 해석될 수 있기 때문이다.

그렇다고 또 너무 상대방의 손을 세게 힘을 주어 꽉 잡는 악수를 해서도 안 된다. 자신의 힘을 과시하려는 느낌과 더불어 공격적으로 보이기 때문이다.

요즘은 남녀 불문 글로벌 인사로 악수를 흔히 사용하고 있지만, 원래 악수는 앵글로색슨계 민족들 사이에서 자연스럽게 생겨난 인사 방식이다. 남자들이 우호적 관계를 맺고 싶을 때 무기가 없음을 알리기 위해, 그래서 공격하지 않겠다는 뜻으로 오른쪽 손목과 손을 내민 것에서 유래되었다고 한다.

악수할 때도 순서가 있는데, 먼저 남성과 여성의 경우에는 여성이 먼저 남성에게 악수를 청하는 게 맞다. 또한 연령에 따라서는 윗사람이 아랫사람에게, 선배가 후배에게 악수를 청하면 된다. 직급상으로는 상급자가 하급자에게 악수를 청하는 게 옳다.

좋은 이미지를 줄 수 있는 악수를 위해서는 다섯 가지 약속이 필요하다.

좋은 이미지를 줄 수 있는 악수를 위한 다섯 가지 약속

01. 자연스럽고 부드러운 미소
02. 상대방의 눈을 응시하는 눈맞춤
03. 과하지도 부족하지도 않은 적당한 힘
04. 팔꿈치가 자연스럽게 굽혀지는 적당한 거리
05. 손을 지나치게 흔들지 않고 두세 번 정도 리듬 있게 흔들어 주기

2부

말에 매력이 스며든다

매력, 스며든다

- 1장 '뭐 입지' 말고 '어떻게 말하지'를 고민할 때
- 2장 들리는 말과 안 들리는 말
- 3장 섹시한 생각 정리와 맛있는 말
- 4장 세련된 말과 신뢰를 키우는 말

당신은 참 매력 있는 사람입니다

1장
'뭐 입지' 말고 '어떻게 말하지'를 고민할 때

"간단히 말해서 세상을 바꾸는 단 한 가지 방법은 바로 자신을 바꾸는 거야."

- 《어린왕자》 두 번째 이야기 중에서 -

거창하게 세상을 바꿀 것까지도 없다. 지금보다 더 매력적인 관계와 인생을 살고 싶다면 자기 자신부터 조금씩 바꿔 나가면 된다. 값비싼 외제 차를 타고 머리부터 발끝까지 명품으로 휘두르지 않아도 충분히 자신의 매력 지수를 향상시킬 수 있는 아주 효과적인 방법이 있다.

지금까지 우리는 누군가를 만나러 나가기 전에 항상 같은 고민을 해 왔다.

'오늘 뭐 입고 나가지?'

이제부터는 고민의 성격과 방향을 바꿀 시간이다. '오늘 뭐 입지?'에서 시작해서 '오늘 뭘 먹을까?', '만나서 어떤 말을 하지?'를 고민했다면 한 사람의 품격과 매력을 좌우하는 말에 대한 고민으로 하루를 시작해 보면 어떨까? 무슨 말을 할 것인지 내용에 대한 고민을 넘어 이제는 어떻게 말할 것인지 표현력에 대한 고민이 필요한 때다.

누가 그래? 목소리가 좋으면 못생겼다고

'목소리가 좋으면 얼굴이 못생겼다.'라는 말을 한 번쯤은 들어봤을 것이다. 미리 말하지만, 전혀 근거 없는 말이다. 분명 누군가가 좋은 목소리를 가진 사람에 대한 부러움, 시기, 질투에서 만들어 낸 억지가 아닌가 합리적 의심을 해본다. 실제로 목소리가 좋으면 그 사람에 대한 매력 지수는 더 올라간다. 아무리 매력적인 사람이라고 해도 목소리가 좋지 않다면 그 사람에 대한 긍정의 이미지 지수는 떨어지게 되어 있다. 반면에 목소리가 좋은 경우에는 단순히 '목소리 미녀', '목소리 미남'이 아닌, 목소리까지 좋은 아주 매력적인 사람으로 평가받게 된다.

한 예능 프로그램에서 남녀 미팅 자리를 사실 그대로 방송한 적이 있다. 흥미로운 사실은 첫인상 평가와 다른 결과를 보여준 이유 있는 최종 평가였다. 요컨대, 남성보다는 여성이 선택에 있어 목소리의 영향을 크게 받았다. 첫인상에서 한 표도 받지 못했던 남성은 울림이 가득한 매력적인 목소리와 함께 적절한 리액션을 보이면서 뛰어난 공감 능력까지 선보였다. 결과적으로 그는 가장 매력적인 사람으로 여성들의 선택을 받을 수 있었다.

목소리가 좋은 사람이 못생겼다는 말은 틀렸다. 설령 내가 예상했던 기대치의 외모가 아니라 해도 만약에 목소리가 좋다면 확실히 그 사람이 더 예쁘고 잘생겨 보이며 매력적으로 느껴진다는 사실을 인정해야 한다.

'뭐 입지' 말고 '어떻게 말하지'를 고민하자

사람에게는 지문이 있다. 손가락 끝마다 안쪽에 있는 살갗의 무늬인 지문은 사람마다 다르고 모양이 평생 변하지 않기 때문에 개개인의 식별이나 범죄 수사의 단서, 인장 대용 등으로 사용된다.

지문과 마찬가지로 사람에게는 성문이 있다. 목소리를 기계로 분석한 성문은 지문처럼 사람마다의 특징을 알 수 있게 하고 역시 범죄 수사에 사용되기도 한다. 결국, 목소리나 말하는 스타일은 자신을 확실하게 어필할 수 있는 최적의 수단이 된다. 관계에 있어서 눈에 보이는 시각적 요소들도 중요하지만 때로는 그 이상으로 목소리가 주는 영향력도 크다.

지금까지 누군가와의 만남을 앞두고 어떤 스타일의 옷을 입을 것인가, 메이크업과 헤어 연출은 어떻게 할 것인가 등을 고민했다면 이제는 어떤 목소리로 만남을 이어 나갈 것인가에 대해서도 고민해야 한다. 목소리가 좋아서 손해 볼 일은 아마 없을 테니 말이다. 밝은 기운이 느껴지고 따뜻함이 전해지는 좋은 목소리, 그야말로 듣기 좋은 목소리의 소유자로 함께 있고 싶은 사람이 되고 싶다면 말할 때도 신경을 써 보자.

유쾌함이 가득한 사적인 친목 도모 자리라면 쾌활함이 느껴지는 밝은 목소리 톤이 아무래도 분위기상 어울릴 것이다. 반면에 중요한 거래가 오가는 비즈니스 자리라면 중저음의 목소리가 보다 더 신뢰감을 전하기에 유리할 것이다.

장소에 따라서 그리고 함께하는 사람이 누구냐에 따라서 우리가 스타일에 변화를 주었듯이, 이제는 그와 마찬가지로 장소나 사람에 대한 분위기와 성격 등을 미리 파악하고 목소리에도 신경을 써서 변화를 준다면 보다 매력적인 관계와 결과를 만들어 낼 수 있을 것이다.

3,000배 더 멋져 보이는 매력적인 말투

〈같은 옷 다른 느낌!〉이라는 연예 전문 방송 리포터를 하면서 연예인들에게 똑같은 멘트를 해야 하는 경우가 자주 있었다. 해당 연예인들에게는 늘 미안했다. 그러나 같은 옷이지만 분명 누군가는 찰떡같이 소화해 냈고 또 다른 누군가는 누가 봐도 빌려 입은 듯 어울리지 않았으니 충분히 가십의 기삿거리가 될 만했다.

비단 옷뿐만은 아니었다. 같은 말을 해도 참 듣기 좋게 예쁘게 말을 하는 연예인이 있는가 하면, 상대방이 듣기에 거북하고 불편한 말을 아무렇지 않게 하는 연예인도 있었다. 과연 어떤 차이가 있을까? 바로 상대방을 배려하는 마음이 있고 없음의 차이다. 하나의 인터뷰를 위해 때로는 촬영 현장에서 몇 시간씩 기다리기도 한다. 이때 말을 예쁘게 하는 연예인이나 관계자들은 "아이고, 오래 기다리느라 힘드셨죠?"라는 짧은 한마디에서 걱정이 담긴 배려와 좋은 인품까지 느낄 수 있다. 하지만 반대의 경우도 있다.

"너무 피곤한데, 최대한 짧고 빠르게 끝냅시다."

세상 뚱한 표정과 명령조의 말로 통보하듯 본인의 상황만 생각한 자기중심적 발언은 오래 기다린 제작진들에게 때로는 큰 상처가 되기도 한다. 아무리 멋지고 예쁘고 인기가 많은 연예인이라 해도 이런 사람과의 시간은 그리 유쾌하지 않다. 그 말투로 인해 기존의 좋은 이미지, 좋았던 매력 지수까지도 깎아 먹게 된다.

예쁘게 말하면 그 사람이 더 예뻐 보이는 것은 진리이다. 예쁘게 말하는 방법에는 무수히 많은 것들이 있겠지만 관계를 좋게 하는 쉬운 말하기 방법이 있다. 그것은 바로 상대방을 배려하는 말투이다. 예를 들면, "커피 마시러 가자."보다는 "커피 마시러 갈까?", "일요일 세 시에 만나자."보다는 "일요일 세 시에 보는 게 어떨까? 괜찮아?"가 낫다. 뜻은 같지만 표현 방법의 차이가 상대방을 배려하는지 아닌지 알 수 있다. 자기중심적 통보식의 말하기가 아니라 상대방의 의견을 구하는 질문 형태의 권유형의 말하기는 매력적인 관계를 만드는 데 아주 효과적이다.

그리고 상대방의 말에 반응을 보일 때도 적절히 감탄사를 사용해 보자. 예를 들면, 직장 동료가 헤어 스타일에 변화가 생겼을 때 "괜찮네, 잘 어울려."라고 하기보다는 "이야, 괜찮네, 잘 어울려!" 이렇게 추임새 격으로 감탄의 말을 해주면 더 진심이 느껴지는 말, 3,000배 더 멋져 보이는 매력적인 말투가 된다.

생각보다 어렵지 않고 효과는 좋은 이 방법을 지금 당장 실천해 보길 권한다. 자꾸 말해 버릇하면 어느 순간 습관이 되어 있을 것이다. 그렇게 향기 나는 예쁜 말을 하는 당신 곁에는 역시 향기 나는 좋은 관계의 사람들로 가득할 것이다. 이보다 더 매력적인 게 있을까?

당신의 목소리는 몇 살인가요?

세월 앞에 장사 없다고 하지 않던가. 정말 슬프지만 노화는 목소리에도 찾아온다. 하지만 보통의 사람들보다 목소리가 늙지 않는 사람이 있다. 솔깃하지 않은가? 남들보다 더디게 목소리를 젊고 예쁘게 유지할 수 있다면, 그렇게 목소리 노화를 늦출 수만 있다면 얼마나 좋을까?

가왕으로 불리는 가수 조용필. 그는 칠십 대이지만 목소리만큼은 건강한 삼십 대라고 하니 누구라도 부러워할 것이다. 흐트러짐 없는 정확한 음정과 안정감 있는 발성을 오랫동안 지속할 수 있는 그의 능력이 여전히 뛰어나다. 그의 건강한 목소리 비결은 무엇일까?

사람은 나이 듦에 있어서 행동이나 몸짓, 말투, 목소리를 어느 정도 내려놓게 되어 있다. 쉽게 말해 편하게 대충한다는 말이다. 하지만 젊게 살기 위해 운동으로 몸을 만들고 피부를 가꾸고 모습을 단장하는 것처럼, 목소리도 긴장을 놓지 말아야 한다.

목에 좋은 충분한 수분 섭취와 적당한 수면은 아주 중요하다. 커피와 같은 카페인 섭취와 흡연은 성대에 좋지 않기 때문에 가급적이면 피하는 것이 좋다. 또한 자신의 음역을 넘는 하이톤을 지속적으로 쓰게 되는 경우나 흡연으로 인해 기관지 손상 혹은 성대 결절이 오면 맑고 깨끗한 목소리를 만들기 쉽지 않다.

큰 음악 소리를 배경으로 왁자지껄한 공간에서 친구들과 신나게 대화하고 집으로 돌아갈 때 한 번쯤은 목 잠김과 답답함을 경험해 봤을 것이다. 힘 있고 젊은 그리고 맑은 목소리를 유지하려면 충분한 수분과 수면이 필요하다. 또한 무리한 성대 사용이나 흡연, 카페인 섭취 등을 줄이는 노력도 필요하다. 그런데 이것보다 큰 도움이 되는 것이 있다. 바로 늘 좋은 기분으로 생동감 있게 말하는 습관을 갖는 것이다.

사람을 기분 좋게 하는 목소리 중 하나는 생동감이 전해지는 목소리이다. 생기가 느껴지는 통통 튀는 목소리만큼 어려 보이고 기분 좋은 목소리는 없을 것이다. 단조로운 말하기보다는 내가 하고자 하는 말의 키워드가 되는 것들에 강약을 조절하거나 목소리의 높낮이에 변화를 주면서 말한다면 상대가 느끼는 생동감은 훨씬 커지게 된다. 나의 경우 그런 노력을 꾸준히 해 왔던 덕분인지 많은 사람에게 "함께 대화하면 기분이 좋아져요."라는 말을 자주 듣게 된다.

조금 더디게 나이를 먹고 싶고 동안을 유지하고 싶은 것은 누구나 다 같은 마음일 것이다. 이제는 외모뿐만 아니라 밝고 맑은 그야말로 매력적인 동안 목소리를 만들기 위해 신경 써 보면 어떨까?

2장
들리는 말과 안 들리는 말

이상하지 않은가? 굳이 몰입하지 않으려 해도 잘 들리게끔 말하는 사람이 있는 반면에 집중해서 잘 들으려 해도 도대체가 무슨 말을 하는 건지 알 수 없는 사람이 있다. 당신은 전자인가, 후자인가?

소위 말해 사회적으로 성공한 사람들의 경우에는 당연히 전자의 경우처럼 잘 들리게끔 말하는 사람이다. 또한 다수의 남녀가 모여 친목을 도모하는 자리에서도 마찬가지로 이성뿐 아니라 동성에게도 인정받고 사랑받는 사람은 당연히 잘 들리게끔 말하기는 사람이거나 그것을 실천하는 사람이다.

어째서 같은 말을 하는데 누구의 말은 잘 들리고 또 누구의 말은 안 들리는 걸까?

죽도록 일하면 죽고,
쉬지 않고 말해도 죽는다

누구나 매력적인 삶을 꿈꾼다. 일과 쉼의 균형 있는 삶은 모든 직장인의 꿈이다. 그러나 죽도록 일한 결과가 죽음으로 이어진 안타까운 사례를 뉴스에서 듣곤 한다. 놀랍게도 쉼 없음의 비극은 말하기에도 해당된다. 내가 하고자 하는 말이 많다고 해서 '다다다다' 쉬지 않고 말하면 그 말을 듣는 상대방은 지치게 되어 있다. 쉼 없이 쏟아내는 말하기는 상대방을 피곤하게 해 상대방의 귀에 보이지 않는 피를 철철 흘리게 할 것이다. 그러면 상대방의 관심은 죽기 마련이다.

의미에 맞는 호흡 조절을 통한 적절한 쉼, 즉 '포즈(Pause) 두기'는 전체적인 말의 분위기와 전달력에 큰 영향을 준다. 말이 빠르면 무언가에 쫓기는 듯한 느낌으로 듣는 사람을 불안하게 만들거나 성격 급한 사람으로 비치기 쉽다. 당연히 말이 빨라지면 잘못 읽기 쉬워진다. 결국, 전달력과 신뢰도에 치명적인 영향을 주게 된다.

아이들에게는 천천히 정확하게 말하라고 가르치면서 정작 어른들은 쉼 없이 대충 말하는 경향이 있다. 외국어 말하기를 할 때는 발음에 무척이나 신경을 쓰면서도 정작 모국어로 대화할 때는 쉼 없이 그리고 발음에도 크게 신경을 쓰지 않고 말한다. 아주 중요한

공적 말하기나 비즈니스 자리가 아니고서는 말이다. 왜 그런 걸까? 이유는 간단하다. 내가 대충 말해도 다 알아들을 것이라는 생각 때문이다. 하지만 안타깝게도 우리는 들리는 말을 듣는 것이지, 애써 잘 들으려고 작정하고 노력하지는 않는다. 이 함정을 꼭 기억해야 한다. 따라서 잘 들리게 쉼을 갖고, 발음에도 신경 써서 말하는 습관을 길러야 한다.

억울하지 않는가? 열심히 준비해서 말했는데 안 들어 준다고? 듣긴 들었는데 잘 안 들었다고? 이런 억울한 상황을 만들지 않도록 우리는 신경 써서 외국어를 하듯 말할 필요가 있겠다.

들리는 말 vs 안 들리는 말

"뭐라고? 다시 한번 말해 줘. 잘 못 들었어."

한두 번도 아니고 혹시 이런 말을 주변에서 자주 듣는 사람이라면 지금부터 초집중해 보자. 친분이 있는 친구나 가족과 같은 사이에서는 사실 큰 문제가 되지 않는다. 하지만 업무상 만난 사람에게 이런 소리를 자주 듣는 것은 매우 부정적이고 불리한 상황으로 이어지기 쉽다.

아기가 말을 배우기 전에 옹알이를 하듯 입안에서 웅얼거리는 듯한 답답한 발성은 상대방을 매우 답답하게 한다. 업무 진행에 지장이 생길 수밖에 없다. 반면에 같은 말을 해도 상대방의 귀에 쏙쏙 잘 들리게 말하는 사람들의 발성은 확실히 다르다.

입안에서 웅얼거리는 소리가 아니라 입 밖으로 시원하게 뻗어 나가는 발성은 좋은 목소리의 기본이고 이런 목소리는 양질의 대화를 이어 나가게 해준다. 결과적으로 매력적인 관계나 성공적인 비즈니스의 결과를 만들어 주는 데 아주 유리하다.

앞서 시원하게 뻗어 나가는 발성이 좋은 목소리의 기본 요소라고 언급했는데, 좀 더 쉽게 말하자면 우리가 한숨을 내쉬면 입안에서 공기가 나오게 된다. 이때 '아….' 하고 소리를 내보자. 그 느낌을 기억하고 이번에는 둥글게 포물선을 그리듯 소리를 던져 보자.

직진하는 발성은 언뜻 듣기에 시원시원한 느낌, 도전적이고 똑 부러지는 이미지로 보일 수 있으나 시간이 지남에 따라 다소 차갑게 느껴질 수 있다. 반면에 양궁 선수가 활을 쏘면 화살이 포물선을 그리듯 날아가 과녁에 꽂히듯 우리의 목소리도 둥근 발성일 때 상대방의 귀에 더 잘 들린다고 한다.

목소리의 볼륨을 키워 쩌렁쩌렁 크게 말하기보다는 말할 때 첫 음절에 악센트를 주고 이어서 소리를 둥글게 던지듯 말해 보자. 에너지를 덜 쓰면서 그리고 성대에 큰 무리를 주지 않고도 충분히 말의 힘을 키울 수 있다. 이렇게 발성 습관을 기른다면 더 잘 들리는 말하기를 할 수 있게 된다.

사투리를 왜 고치려고 하지

개인 스피치 지도를 하다 보면 "사투리를 교정해 주세요."라고 찾아오는 사람들이 있다. 그들은 왜 사투리를 고치고 싶어하는 것일까?

"저 말 좀 가르쳐 주세요."
"무슨 목적이나 이유가 있으신가요?"

경상도에서 기업을 운영하는 젊은 C 대표가 사투리를 고치고 싶다고 찾아왔다.

"직설적인 말과 강한 느낌의 사투리가 문제인 것 같아요. 제 말투가 무섭다고 여자친구가 떠났어요."

이별의 이유가 '말투'라니 안타깝기도 하면서 동시에 흥미로웠다. 무엇보다 자신의 부족한 점을 개선하기 위해 노력하는 마인드가 참 멋졌고 훌륭했다.

C 대표는 바쁜 와중에도 수업에 꼭 참여했다. 8회쯤 지도했을 때

인가? C 대표에게는 말의 변화가 눈에 띄게 나타났다. 물론 사투리는 남아 있었다. 하지만 본인의 만족도와 주변인들의 피드백은 매우 긍정적이었다. 무서운 표정으로 툭툭 내뱉듯 거칠게 말했던 '거', '그', '뭐', '막' 등과 같은 사족이 일단 사라졌다. 그리고 과격한 표현 대신 말을 부드럽게 하려고 노력해서인지 둥근 발성과 더불어 표정의 변화도 크게 달라졌다.

"교육받은 내용을 일상생활, 특히 회사에서 적용해 보세요."

C 대표는 회사에서 직원들이 "대표님 요즘 말투가 바뀌셨는데 무슨 좋은 일 있으세요?"라고 한다며 수줍은 미소를 지었다.

대한민국에서 회당 출연료를 가장 많이 받는 연예인 중에는 지역색이 물씬 느껴지는 사투리를 쓰는 사람도 많다. 비단 연예인만은 아니다. 여러 프로그램에서 왕성한 활동을 하는 각 분야의 전문가나 방송인들 역시도 사투리가 또 하나의 캐릭터로 자리 잡힌 사람들도 제법 많다.

개인적으로 사투리가 본인의 콤플렉스라고 생각할 수도 있을 것이다. 하지만 오히려 사투리로 인해 친근한 사람으로 느껴지는 경우도 많다. 아나운서가 될 게 아니라면 굳이 사투리를 고치라고 말하고 싶지 않다.

말의 군더더기 빼기

각자의 다양성과 고유성을 인정하고 지향하는 시대에 사는 오늘날, 사투리 사용은 오히려 향수를 자아내고 개성도 살릴 수 있어 긍정적이고 매력적일 수 있다. 표준어나 서울말을 써야만 교양 있고 세련되게 보는 시대는 지났다. 차라리 사투리를 교정하려고 투자하는 에너지의 방향을 다음과 같이 바꾸길 권하고 싶다.

싱싱한 양상추와 치즈, 베이컨과 적당한 소스가 곁들여진 샌드위치는 참으로 매력적인 음식이다. 샌드위치를 만들 때 빵의 가장자리를 도려낸 뒤 샌드위치를 만들면 보기에도 훨씬 깔끔하고 가장자리의 질긴 부분이 사라지면서 전체적인 식감도 더 깔끔해진다. 말도 이와 같다.

평소 말할 때 '음…, 어…, 사실…, 막…, 이게…, 그게…, 아니…, 뭐…' 이런 사족으로 시작하는 사람이 있다. 식빵의 가장자리를 잘라내듯 깔끔하게 군더더기 없이 말하고 불필요하게 반복되는 사족은 필히 줄여야 한다. 불필요한 군더더기를 많이 사용하면 오히려 본 내용에 집중이 잘 안 된다. 이는 습관이다. 특별히 '아니…, 그게…', '아니…, 나는…' 식의 말하기 습관은 '일단 부정'부터 하고 시작하는 말하기로 듣기 좋지 않다.

'사실…'이라는 말을 달고 사는 사람도 있다. 이는 지금까지는

'거짓이었나?'라는 생각이 들 수 있기에 이런 말 습관 또한 좋지 않다. 이처럼 군살과도 같은 군더더기 말 습관부터 고쳐 보자. 그러면 당신은 매력적인 말하기의 주인공이 될 수 있다.

말에는 향기가 있고,
향기 있는 말에 끌린다

말투에서 우리는 눈에 분명 보이지 않지만 묘하게 그 말을 하는 사람의 인격이나 성향 등을 파악할 수 있다. 그러니까 보이지 않지만 보이는 게 있는 것이다. 평소 상대방을 무시하는 듯한 말투를 아무렇지 않게 쓰는 사람이 있다. 상대를 낮추고 비난하면서 웃음 코드를 찾는 사람 역시도 주변 사람들의 반응은 아랑곳하지 않고 그 유머를 고수한다. 말투는 한 사람의 가치를 결정하는 중요한 요소이다. 평소 좋지 않은 말투 습관만 고쳐도 자신의 가치와 사람들의 평가는 달라질 수 있다.

친구 문제로 힘들어했던 한 중년 여성이 있었다.

"흔히들 제 또래가 하는 자녀의 진로 문제 때문에 힘든 게 아니라 저는 해가 거듭될수록 친구 문제로 힘이 드네요."

이 중년 여성이 처음 고민 상담을 요청하면서 말을 꺼내 금방이라도 눈물을 쏟아 낼 것 같았던 그때의 표정은 몇 년이 지난 지금까지도 생생하다.

그녀의 사정은 다음과 같았다.

시골의 작은 마을에서 앞뒷집의 친구로 여고 시절까지 우정이 돈독했던 두 사람이었다. 두 사람 모두 형제자매가 없었기에 더욱 의지했고 연애부터 결혼, 임신, 출산, 육아 등의 살아가는 모든 것들을 공유했다. 하지만 언제부턴가 그 친구가 불편해지기 시작했다. 그 이유가 무엇인지 오랫동안 생각해 본 결과 바로 친구의 말투 때문이라는 결론을 내렸다. 매사 삐딱한 시선과 부정적인 말투, 습관적으로 사용하는 다채로운 욕설과 비속어들이 몹시나 불편했다. 조심스럽게 말투에 대해 조언을 하자 오히려 유난 떤다는 핀잔과 더 거친 욕설로 돌아왔다.

이런 상황은 누구라도 고민이 될 것이다. 긍정적이고 예쁜 말만 해도 짧은 세상인데, 매사 부정적인 견해와 나쁜 말을 서슴지 않고 사용하는 사람과는 함께하기 어렵다. 가장 가까운 사람이라도 말이다. 아니, 오히려 가장 사랑하고 가까운 사람일수록 말은 더욱 조심스럽게 가려서 해야 한다.

향기 나는 꽃에는 벌과 나비가 날아든다. 그리고 향기 나는 말에는 인품 좋은 사람들이 모일 것이다. 사람마다 가진 고유의 향이 있다. 과연 나의 말의 품격은 어떠한지, 나의 말투로 인한 향기는 달콤한지 쓴지, 향기로운지 구린지 한 번쯤 진지하게 고민해 보길 권한다.

3장
섹시한 생각 정리와 맛있는 말

생각이 많은 게 좋은 걸까? 오히려 정리되지 않은 복잡한 생각들은 잡념이다. 머릿속의 생각들이 엉켜 있으면 당연히 말할 때도 횡설수설, 조리 있게 말로 표현하지 못한다. 한마디로 매력적이고 깔끔하게 말을 잘하기 위해서는 생각 정리가 선행되어야 한다.

가끔은 아무 생각 없이, 특별한 계획도 없이 떠나는 여행이 흥미롭고 기억에 많이 남을 때가 있다. 하지만 이왕 떠나는 여행인데 목적지를 향해 무작정 달리는 것보다는 체계적인 계획을 세워 떠나면 보다 시간을 효율적으로 사용할 수 있지 않을까? 말하기도 마찬가지다. 섹시한 생각 정리를 통해 보다 말을 맛있게 잘할 수 있는 방법들은 분명 존재한다.

횡설수설하지 않고 할 말 하기

탄탄한 구조를 가진 집은 튼튼하다. 말 역시도 구조가 짜임새 있다면 말할 때 횡설수설하지 않을 수 있고, 그 말을 듣는 사람들 역시도 집중하기가 좋다.

이와 관련된 흥미로운 연구가 있다. 말의 구조가 짜임새 없이 뒤죽박죽 횡설수설하는 말을 들은 사람들과 심플한 구조에 맞춰 논리적으로 한 말을 들은 사람 중 과연 어떤 사람들이 말의 내용을 더 잘 기억했을까?

당연히 후자일 것이라고 예상했을 것이다. 놀라운 사실은 기억력 테스트에서 후자의 그룹이 무려 60%까지 기억 효과가 전자의 그룹보다 높았다. 미국의 히치(Hitch) 교수는 400명을 대상으로 한 연구를 마치면서 논리적인 말은 상대방의 기억에 확실히 더 오래 남는다는 메시지를 알려 주었다. 우리가 말하는 목적에는 여러 가지가 있겠지만, 그것이 무엇이든 내가 말할 때 상대방이 오래 기억해 주었으면 하는 것은 누구나 바라는 생각이 아닐까?

그렇다면 횡설수설하지 않고 말 잘하는 방법은 무엇이 있을까?

일단 말을 구조화해야 한다. 사람들 앞에서 자기소개를 하거나 취업이나 대학입시 면접을 볼 때 흔히 볼 수 있는 말의 구조화가 A-B-A′이다. 일상생활에서도 이 공식대로 말하면 "오! 말 참 잘해!"

라는 소리를 듣게 될 수 있다.

상대방과 이야기하는데 '나에게 무슨 말을 하려는 거지?', '그래서 말의 요점이 뭐지?'라는 생각이 들게 말하는 사람들이 있다. 이들은 정작 자신도 무슨 말을 하는지 헷갈려할 때가 많다.

'아! 잠깐만, 내가 무슨 말을 하려고 했었지?' 의연한 듯 '괜찮아, 천천히 생각나면 말해.'라고 대꾸는 하지만 사실 많이 속 터지고 시간이 아깝기도 하다. 이러한 부분은 화자가 말할 키워드를 정해 놓고 말해 나가면 두서없거나 할 말을 잊어버리는 경우가 없어진다.

예를 들면, 내가 맛집에 갔던 이야기를 친구에게 한다고 가정하고 생각을 정리해 보자. '○○ 식당을 갔음을 말하고(A)', '그곳의 맛이나 분위기, 서비스 등 상세 설명을 해주고(B)', '그곳에 간 목적이나 이유, 소감을 다시 정리해서(A')' 말해주면 구구절절 말하지 않아도 깔끔하게 정리된 말을 할 수 있다.

[예시 1] "너랑 있으면 좋아. 왜냐고? 글쎄, 그냥 좋다."
A: 너랑 있으면 기분이 참 좋아.
B: 사람을 참 편안하게 해주거든. 말도 매력적으로 하고, 무엇보다 뭔가 좋은 기운이 느껴져.
A': 그래서 같이 있으면 어쩐지 기분 좋은 일이 생길 것 같은 느낌이 들어. 그래서 나는 너를 만나는 게 진짜 좋더라.

[예시 2] "이 식당 앞으로는 오지 말자. 다 별로야."

A: 우리 앞으로는 이 식당 그만 와야겠어.

B: 주인이 바뀐 뒤로 맛이 예전 같지도 않고 무엇보다 식당 위생 상태가 너무 안 좋다. 너도 느꼈지?

A': 우리 이제 이 식당은 추억에 묻고 그만 오자. 어때?

미괄식으로 결론부터 말하고 상세 설명을 해도 무관하지만 그렇게 되면 결론 없이 흐지부지 끝나는 경우도 있고, 내용이 길어지는 경우도 있다. 그러면 상대방이 듣기에 지루할 수도 있다. 따라서 키워드를 정해 놓고 생각을 정리해 말을 한다면 그야말로 호감이 가고 섹시한 말을 만들어 낼 수 있다. 이를 위해서는 요약하는 훈련이 필요하다.

스피치 강의를 하다 보면 가장 많이 받는 질문이 "무슨 말을 해야 할지 모르겠어요.", "말하다가 내가 무슨 말을 하고 있는지 모르겠어요.", "말의 마무리가 안 돼요." 등이다.

이 질문들에 관한 답은 분명하다. 말하기 전 키워드만 정해 놓는다면(단, 타깃과 분위기 파악은 필수) 내용의 전달력뿐만 아니라 문장의 마무리까지 깔끔하게 하는 매끄러운 표현이 만들어진다.

기억하자. 심플한 구조의 말이 잘 들린다.

다다익선이 안 통할 때도 있다

"팀장님, 상반기 결산과 관련해서 보고드릴 주요 내용은 총 38개입니다."라고 말한다면 어떨까?

"뭐라고?"

듣기도 전에 숨이 턱 막혀올 것이다.

"자신의 장점을 직무와 연계하여 말해 주세요."
"네, 저의 장점 스물한 가지를 말씀드리겠습니다. 첫째…."

아무리 본인의 장점이 많다고 해도 면접 현장에서 이렇게 대답하는 지원자는 아마 없을 것이다.

사람은 한번 말하고 들을 때 기억할 수 있는 정보가 열 개라면 그중에서 고작 세 개 정도를 기억할 수 있다. 심리학자들의 말을 빌리자면 평균 세 개에서 아주 많아도 일곱 개 정도를 기억할 수 있다고 한다. 그래서 우리는 많은 것을 말하려 하지 말고 무엇에 중점을 두고 말할 것인지 우선순위를 정해야 한다.

가장 효율적인 말하기 방법은 3단 구성인 'OBC 말하기 구조'다.

O-오프닝(Opening): 오프닝에서는 내 말을 들으려는 사람들의 관심을 끌기 좋은 내용으로 구성하는 게 좋다. 이때 주제를 함께 연결해서 말해준다. 인용이나 통계, 상대에게 던지는 질문, 현재의 이슈 거리, 최신 뉴스, 격언이나 명언, 시, 노래, 유머 등을 많이 활용하면 효과적이다.

B-보디(Body): 본론인 보디에서는 WHY, WHAT, HOW와 주장이 구체적인 사례와 함께 노출되어야 한다.

C-클로징(Closing): 마지막 클로징에서는 사람들과 공감대를 형성하기에 좋은 내용으로 내가 전달하고자 했던 말의 메시지를 정리하면 된다.

본론인 보디에서도 사례를 세 가지 정도 언급하는 것이 가장 구조적으로 안정감이 있다. 그러면 듣는 사람 입장에서도 잘 기억된다. 두 개는 어쩐지 부족한 느낌이 있고, 네 개는 부담스럽고 지루한 느낌이 있다. 뇌 과학적으로도 정보를 전달할 때, 정보의 내용이 두 가지일 때는 우리의 두뇌가 활발한 상태를 유지하지만 네 개로 늘어나면 비교적 활발하던 뇌가 곧바로 과부하 상태가 된다고 한다. 다시 말해서 말의 내용이 많은 것보다는 세 가지일 때가 가장 안정감 있고 깔끔하게 전달된다.

노래방과 목욕탕에서 노래하듯 말하기

목소리의 울림을 좋게 하기 위해 인공적으로 메아리를 만들어서 노래 부를 맛이 나게 해주는 노래방이 있다. 에코(Echo)가 빵빵한 노래방에서 노래하면 목소리가 더 좋게 느껴지고 노래도 더 잘하는 것처럼 들린다. 목욕탕도 비슷하다. 목욕탕에서는 작게 말해도 소리가 울린다. 중저음의 울림 가득한 사람들의 목소리를 두고 흔히들 목욕탕 목소리라고도 하는데, 이런 목소리를 공명이 잘 된 목소리라고 한다. 사람들은 같은 조건이라면 울림이 가득한 목소리에 더 큰 신뢰감을 느끼며 듣기 좋다고 말한다. 실제로 공명이 잘 되는 목소리는 더 잘 들리기도 한다.

목을 손으로 만져 보았을 때 분명 뼈가 튀어나온 부분이 있다. 그곳에 손을 대고 소리를 내 보면 어느 정도 선에서만 소리가 올라가고 또 내려간다. 그 소리를 나의 음역으로 생각하면 된다. 예를 들어, 뉴스 톤으로 말하고 싶으면 평소 자신의 목소리에서 한 톤 낮은 소리로, 밝고 활기찬 목소리를 내고 싶다면 반대로 목소리 톤을 높여 주면 된다. 음계로 비유해 보면 보통 아나운서들이 뉴스를 진행할 때는 '미' 톤으로 말하고, MC들이 밝게 리포팅을 할 때나 소식을 전할 때는 '솔' 톤으로 말을 한다. 서비스 직종에서는 밝은 목소리로 "스마일 하세요." 하면서 목소리의 '솔' 톤을 강조하는 교육을 하기도 한다.

그러나 앞서 말했듯 사람마다 음역과 톤이 다 다르기 때문에 무조건 솔을 내기 위해 자신의 음역을 벗어나서 말한다면 부자연스러워 듣는 이는 불편함을 느낄 것이다. 리포터 준비생을 교육하다 보면 리포터는 무조건 통통 튀고 밝아야 한다는 선입견이 강해서 자신의 음역을 모른 채 소리만 지르다 갈라지는 목소리를 내고 만다. 마찬가지로 공명이 잘 된 중저음의 목소리가 아무리 좋다고 해도 자신과 맞지 않게 억지로 톤을 낮춘다면 성대에도 무리가 가고 듣는 사람에게도 불편함을 준다.

톤이 높은 것과 성량이 풍부한 것은 분명히 다르다. 이 차이점을 알고 나의 목소리 영역에서 편안하게 말하는 것이 가장 좋다. 자신의 톤에서 남들과 차별화된 모습으로 말의 기법을 입혀 표현한다면 오히려 더 빛나는 음성으로 관심을 받을 수 있을 것이다. 목소리에 자신감을 가지고 본인만의 매력을 발견하는 것이 가장 중요하다.

집에서 간단하게 할 수 있는 게 허밍 연습이다. 우리가 일상생활에서 콧노래를 흥얼거리거나 가사 없이 음을 소리 내는 것을 허밍이라고 하는데, 허밍으로 '음….' 소리를 내어보면(단, 몸의 모든 힘은 빼고) 분명 평상시 자신의 목소리보다 낮은 음색이 나올 것이다. 이것이 바로 안정적이면서도 듣기 편안하고 신뢰감 있는 공명이 잘 된 목소리다.

'말을 할 때 말의 내용과 목소리 중에서 어느 쪽이 더 중요한가?'를 알아보는 연구 실험이 있었는데, 놀랍게도 그 결과는 말의 내용이 아닌 목소리였다. 사람마다 좋아하는 목소리 취향은 따로 있겠지만 대중들이 선호하는 목소리는 공명의 목소리라는 점을 생각해본다면 목소리의 경쟁력을 키우기 위해 허밍 연습부터 가볍게 시작해 보면 어떨까?

숨쉬기만 바꿔도 말이 맛있어진다

방송을 위해 리딩과 내레이션을 하다 보면 꼭 받게 되는 질문이 있었다.

"숨을 잘 안 쉬고 말하는데 MC님은 숨 안 차나요?"

그렇다. 나는 악기 연주를 오랫동안 해왔기에 크게 숨이 차지 않는다. 말하는 호흡보다 연주자의 악보는 상당히 긴 호흡으로 한 프레이징(Phrasing)을 연주해야 하기 때문이다. 숨을 참기보다는 의식적으로 쉬는 부분에 신경을 많이 쓴다. 잦은 호흡은 듣는 이로 하여금 숨이 차게 느껴질 수 있다. 같은 속도로 똑같이 말하면 지루함으로 집중력을 흐리게 하고, 반면 전체적으로 빠른 말과 호흡은 전달력이 떨어진다.

호흡은 말하기의 기초 체력이라고 생각하면 쉽다. 기초 체력인 호흡의 양이 풍부하면 할수록 발성과 표현력에 아주 좋다. 숨을 크게 들이켜서 횡격막을 팽창시키면 자연스럽게 배, 옆구리, 허리 뒷부분까지도 살짝 부풀어 오른다. 이것을 복식 호흡이라고 한다. 이 복식 호흡은 허밍 연습을 할 때처럼 온몸에 힘을 뺀 뒤 편안하게 누운 자세로 연습할 때 효과가 좋다.

들숨을 쉴 때 배와 옆구리, 허리 뒷부분이 마치 풍선이 된 듯 팽창하는 그 느낌을 기억하고, 천천히 숨을 내뱉을 때는 풍선이 작아지는 듯한 그 느낌을 느껴보자. 들숨을 쉬고 3~5초 참았다가 천천히 '음…, 아…' 허밍으로 소리를 내주고 몇 번을 반복했다면 다음에는 문장으로도 연습해 보자.

'매력적인 삶을 위한 관계와 말을 연구합니다. 안녕하세요, 왕매력입니다.'라는 문장이 있다. 당신이라면 어떻게 읽을 것인가? 평소 말하듯 한번 해 보자.

1단계: 매력적인(숨 쉬고) / 삶을 위한(숨 쉬고) / 관계와(숨 쉬고) / 말을(숨 쉬고) / 연구합니다 // 안녕하세요(숨 쉬고) / 왕매력입니다. //

2단계: 매력적인 삶을 위한(숨 쉬고) / 관계와 말을 연구합니다.
(숨 쉬고) / 안녕하세요 (숨 쉬고) 왕매력입니다. //

3단계: 매력적인 삶을 위한… 관계와 말을 연구합니다.(숨 쉬고) /
안녕하세요… 왕매력입니다.//

말할 때 호흡량이 부족한 사람의 경우에는 짧게 짧게 숨을 들이마시는 사람들이 많다. 이렇게 말하면 뭔가 말이 뚝뚝 끊겨서 매끄럽지 못하고 그 말을 듣는 상대방은 몰입하기가 어렵다. 복식 호흡으로 호흡량이 넉넉하게 확보된다면 더욱 매끄럽고 표현력 좋은 말하기가 가능해진다.

복식 호흡이 가능하다면 2단계나 3단계처럼 핵심 키워드에서 강조하는 것이 가능하다. 목소리의 크기를 키우거나 목소리 높낮이를 조절한다거나 속도를 느리게 혹은 빠르게 변화를 주면 표현력 좋은 말하기를 성공적으로 할 수 있게 된다. 그야말로 맛있는 말하기가 가능해진다.

자신의 옆구리와 허리 뒷부분, 배가 하나의 큰 풍선이라고 생각하고 숨을 쉴 때마다 풍선을 분다고 여기자. 풍선을 크게 불고 난 뒤 말할 때 서서히 풍선에서 바람이 빠지고, 다시 숨을 쉬면 풍선이 커지고, 말하면 풍선의 크기가 작아지고, 이 과정을 본인이 직접 느껴야 습관이 될 것이다. 숨 쉬는 것만 바꿔도 호흡이 안정되고 좋은 목소리를 낼 수 있고 표현력 좋은 맛있는 말하기가 가능해진다.

오감을 총동원해서 보여주는 말

진짜 말을 잘하는 사람은 결국 자신의 생각을 상대방에게 잘 전달하는 사람일 것이다. 내가 말했다고 해서 상대방이 그 말을 완벽하게 받아들였다고는 볼 수 없다. 내가 하고 싶은 말을 다 하는데 그 당시 그 말을 상대방이 완벽하게 알아듣는 것만큼 매력적인 게 있을까? 사람의 마음을 사로잡는 설득력 높은 말하기를 하는 사람들은 팩트에 기반한 말하기를 할 것이라고들 생각하는데 오히려 그렇지도 않다. 그들은 같은 말을 하더라도 생동감 있게 말한다. 그런 역동성은 사람을 더 몰입시키는 힘을 갖고 있다.

'정말, 엄청, 아주, 매우, 끝내주게, 무지' 등과 같은 말로 표현해왔다면 이제는 좀 더 풀어서 명확하게 표현해 보자. "찌개가 아주 많이 맛있더라고."가 아니라 "찌개가 보글보글 끓고 있는 상태에서 밥상에 오르더라고. 짜지도 않고 해물들 덕분에 바다 향이 입안에서 물씬 느껴지는데 맛있어."라고 해 보자. 의성어나 의태어 등을 사용하면서 강약 조절을 통해 생동감을 표현해 주는 것이다. 그리고 아주 많이 맛있는 게 아니라 '어떻게 맛있는지' 풀어서 말해주는 것이다. 다시 말해서 나의 말로써 '보여준다'고 생각하면 된다. 이때 오감을 총동원해서 생생하게 말하는 것이다. 후각, 미각, 시각, 청각, 촉각 이 다섯 가지 오감을 말로 풀어서 그림을 그리듯 의성어, 의태어 등을 활용해 표현해 보자.

사람의 다섯 가지 감각 체계를 자극해서 말한다면 그렇지 않을 때보다 확실히 반응이 올 것이다.

우리가 말을 들을 때 구체적인 장면을 상상하면 쉽게 감정 이입이 될 뿐 아니라 공감대도 잘 형성된다. 오감을 활용해서 나의 말을 듣는 사람들의 상상을 유도해야 한다. 다시 말해서 우리는 이제 단순히 말만 하지 말고 말로 보여줘야 한다.

4장
세련된 말과 신뢰를 키우는 말

말을 많이 하는 것과 말을 잘하는 것은 엄밀히 말해 다르다. 굳이 말을 많이 하지 않는데도 유난히 신뢰감이 가는 사람이 있고 억지로 포장하지 않아도 말하기가 참으로 세련된 사람도 있다.

"성공한 사람이 되려고 노력하기보다는 가치 있는 사람이 되려고 노력하라."

알베르트 아인슈타인(Albert Einstein)이 한 말이다. 말하기도 마찬가지다. 성공적인 관계를 만들기 위해 그저 말을 많이 하려는 노력보다는 품격 있고 가치 있는 말하기로 긍정의 관계를 만드는 사람이 되려고 노력해야 한다.

칭찬은 연예인도 춤추게 한다

연예 전문 리포터로 활동하면서 그[그녀]들을 인터뷰할 때 주로 대화의 시작을 진정성이 느껴지는 칭찬으로 열었다. 카메라의 큐사인 불이 들어오면 곧바로 구성한 질문들을 한 큐에 인터뷰하기보다는 자리 세팅 시 "이번 영화 흥행을 축하드려요. 저는 재미있어서 두 번이나 봤거든요. 배우님은 작품을 선택하는 안목이 뛰어나세요.", "진짜 멋있으세요. 화면에 나오는 슈트핏보다 실물 슈트핏이 훨씬 훌륭합니다."라고 표현하면 대부분 연예인이 좋아했다.

그렇게 당연한 말들도 칭찬은 상대방을 기분 좋게 한다는 것을 알게 되었다. 나아가 그날 인터뷰 잡힌 연예인의 기사를 사전 조사하고 가서 큐사인 전이나 인터뷰 시 질문지의 내용만이 아닌 인터뷰어가 관심을 가진다는 모습을 보이면 대화는 한결 매끄러워지고 덕분에 방송용으로 아주 분위기 좋은 답변을 받아올 수 있었다.

대화를 나눌 때 관심과 칭찬을 표현하는 사람만큼 매력적인 사람은 없다. 지금 내 앞에 있는 사람을 향해 관심 어린 칭찬의 말 한마디를 던져 보면 어떨까? '자세히 보아야 예쁘다. 오래 보아야 사랑스럽다. 너도 그렇다.'라는 나태주 시인의 시처럼 관심을 두고 자세히 보면 분명히 칭찬 거리들이 눈에 들어올 것이다. 속으로만 생각하지 말고 말로 표현해 보자.

쉽고 확실하게 신뢰를 키우는 말:
고마워, 미안해

MBC 다큐멘터리 〈말의 힘〉이라는 특집 방송에서 누룩으로 실험을 했다. 두 가지 누룩 중 하나에는 매일 "고마워."라는 칭찬의 말을, 다른 하나의 누룩에는 "짜증나, 미워."라는 말을 하고 일정 시간이 지난 뒤 관찰해보니 고맙다고 칭찬해 준 누룩은 흰곰팡이가, 짜증과 미움의 말을 들은 누룩은 썩어 있었다. 이처럼 긍정적인 말의 힘은 대단하다.

언제부턴가 꼬박꼬박 챙겨보는 프로그램이 생겼다. 그것은 바로 KBS 〈슈퍼맨이 돌아왔다〉이다. 어른들에게서는 찾아보기 힘든 아이들만의 순수함과 솔직함이 묻어 나는 사랑스러운 표현력에 푹 빠졌기 때문이다. 특히 방송 중 유명 여가수의 아이의 어록이 기억에 남는다.

바로 "고마워", "미안해"이다. 혼자 넘어져도 "미안해."라고 말할 정도로 사과와 칭찬에 아주 후한 아이이다. 너무나 사랑스러워서 예뻐하지 않을 수 없다. 이 프로그램을 보며 늘 느낀다.

'어른도 우리 아이들처럼 바로 인정하며 솔직하게 표현하면 평화만 있을 텐데….'

살다 보면 고마운 상황에서 절대로 고맙다고 말하지 않는 사람이 있다. 고마우면 고맙다고 말하는 게 뭐 그리 어렵다고 속으로만 생각하고 마는 걸까? 맛있는 걸 먹으면 자연스럽게 맛있다고 말하듯이 미안하면 미안하다고 말하고, 고마우면 고맙다고 말하자.

자신으로 인해 일어난 부정적인 상황에서도 속으로만 자신의 잘못을 인정하면서 겉으로는 모른 척하는 사람들이 있다. 알량한 자존심을 세우면서 입 밖으로 사과의 말을 전하면 큰일이라도 날 것처럼 여기고 그냥 덮는 경우가 있다. 이렇게 되면 그 관계는 좋게 유지되기 어렵다. 다름을 부정하면 전쟁의 시작, 다름을 인정하면 평화의 시작이다. 서로의 다름을 이해하는 것을 넘어 인정하고 수용하는 '고마워, 미안해….'라는 말로 관계를 말랑말랑하게 만들어 보면 어떨까? 가장 쉽게, 그러나 확실하게 신뢰를 키우는 말, '고마워, 미안해.'는 결코 어려운 표현이 아니다.

듣고 싶은 내용 쉽게 알아내는 말

SBS, MBC 연예 방송 전문 리포터로 활동하던 시절, 연예인 미팅으로 하루를 시작해서 연예인 인터뷰로 하루를 끝냈다. 대한민국의 내로라하는 연예인들을 수없이 만났는데 공통적으로 그들은 지나치게 사생활과 관련된 질문을 싫어했다. 일반인들도 마찬가지

일 것이다. 그러나 직업의 특성상 사람들이 궁금해하는 유명 연예인들의 사생활 질문을 해야만 했고 그로 인해서 난처했던 상황도 참 많았다.

한번은 출산 이후 첫 작품으로 이슈가 되었던 유명 A 배우를 인터뷰할 때였다. 카메라에 빨간 불이 들어오기 전 질문지를 슬쩍 본 배우는 "곤란한 질문들이 많네요."라며 웃음기 없는 표정으로 나지막하게 말했다. 본능적으로 오늘 인터뷰도 쉽지 않겠다는 생각을 했다. 그러나 예상과는 다르게 그날 인터뷰를 마치고 제작진들에게 최고의 찬사를 들었다.

"역시 인터뷰의 달인이야. 어떻게 그렇게 유도할 생각을 했지? 좋았어."

미혼인 여자 리포터가 육아에 대한 공감대를 찾기 위해 어린 조카를 돌보았던 경험들을 생각해 내면서 "제 조카도 비슷한 개월 수인데요….", "저는요….".의 화법을 계속 사용했다. 그리고 "만약에 …라면요."라는 말로 자연스럽게 A 배우가 본인의 이야기를 부담 없이 꺼낼 수 있게 유도했다.

'만약에 …라면'과 같은 If 식의 질문은 큰 마찰 없이 매끄러운 대화로 이어졌고 나는 배우의 민감한 부분을 건드리지 않는 선에서 화기애애한 분위기에서 기분 좋게 인터뷰를 마무리했다.

　남녀노소, 동서고금을 막론하고 누군가 자신의 마음을 알아주는 걸 싫어하는 사람은 없을 것이다. "저는요…."라는 말로 본인의 이야기를 먼저 하면서 마음의 문을 열면 그렇지 않은 경우보다 훨씬 쉽게 상대방의 마음 문과 말문을 열 수 있다. 상대방의 마음을 열고 자연스럽게 대화의 중심을 잡고 싶다면 공동 관심사를 찾아야 한다. 그리고 찾아낸 공통 관심사, 교집합, 공통 분모를 중심으로 "저는요…"라며 본인의 이야기부터 풀어내자. 이어서 자연스럽게 "…라면 어떨 것 같나요?" 등의 질문으로 내가 듣고 싶은 이야기와 관련된 If를 설정해 보자.

　누군가의 마음을 사로잡고 싶은가? 관심 있는 사람에 대해 알고 싶은 게 많은가? 그렇다면 먼저 나의 이야기부터 풀어내야 한다.

말랑말랑한 관계를 만들어 주는 말

일반적으로 '해주세요.', '부탁드립니다.'라는 표현만 쓰면 다 부탁이라고 생각한다. 하지만 상대의 마음과 감정을 살짝 건드려 주는 예쁜 말들도 있다. 일명 '쿠션어'라고 불리는 말이 있다.

　부탁이나 거절 등을 할 경우, 윤활유 역할을 하는 쿠션어에는 대표적으로 '미안하지만, 번거롭지만, 죄송하지만, 실례하지만' 등이 있다. 쿠션어를 말한 뒤 이어서 본인이 하고 싶은 말을 '…를[을] 해 줄래?' 식의 의뢰형, 청유형으로 말하는 것이 더욱 효과적이다.

퇴근하고 막 현관문을 열고 들어오는 남편에게 "들어오지 말고 잠깐 기다려! 음식물 쓰레기 좀 버리고 와!"라고 하면 아무리 금슬 좋은 부부라 해도 지속적으로 이런 말을 듣는다면 기분이 썩 유쾌하지 않을 것이다.

이번에는 쿠션어를 활용한 뒤 어미 처리를 다르게 해 보자.

"자기야, 자기도 퇴근하고 피곤할 텐데 미안하지만 음식물 쓰레기 좀 버려 주면 안 될까? 자기가 도와주면 참 좋겠는데…."

전자는 명령처럼 느껴지지만 후자는 부탁의 느낌이 더 강하게 들 것이다. 둘 다 음식물 쓰레기 좀 버려달라는 부탁의 말이지만 행동으로 이어지는 것은 아마 후자의 경우에 들어줄 확률이 훨씬 높을 것이다.

〈슈퍼맨이 돌아왔다〉에서 개인적으로 뽑은 명장면이 하나 있다. 아빠가 어린 딸을 그네에 태우고 점점 속도를 빠르게 밀어주었 장면이다. 딸이 처음에는 재미있다고 느끼다가 점점 붙는 가속도에 무서워했다. 그리고 이내 멈추기를 간절히 바라는 표정을 지으며 말했다.

"아빠, 너무 빠른 거 아니에요?"

TV 자막은 '공손하고 예의 바른 컴플레인'으로 처리되었다. 정말 그러했다. 이보다 더 말랑말랑하고 부드러운 컴플레인이 어디 있겠는가!

이 못지않게 효과적인 상황을 만들고 관계를 말랑말랑하게 해주는 말하기 요령이 있다. 바로 '나는 …하면 좋겠는데'이다. 이 표현법은 간절한 부탁이나 이성 간에 특히 더 효과가 있다. "햄버거 먹자!"라고 자기 마음대로 결정을 내린 뒤 명령하듯 말하기보다는 "나는 햄버거 먹으면 좋겠는데, 너는 어때?"라고 말하는 사이일 때 두 사람의 관계는 더 말랑해질 수밖에 없다.

한번은 친구가 전달할 물건을 가지고 약속 장소에 먼저 도착한 적이 있었다. 아직 일이 마무리되지 않은 상황이어서 시간을 지키지 못할 것 같은 미안한 마음에 나름대로 합리적인 방법을 찾기 위해 고민했다. "정말 미안해. 지금 출발해도 너무 늦을 것 같아. 지루하게 마냥 너를 기다리게 하는 건 아닌 것 같아. 내가 아직 인터뷰가 안 끝났으니까 네가 이쪽으로 와주면 좋겠는데… 혹시 가능할까? 내가 번거롭게 했으니까 더 맛있는 저녁 살게."라고 조심스럽게 미안한 마음을 담아 제안했다. 물론 친구는 흔쾌히 오케이를 외쳤고, 나 역시 미안하면서도 고마운 마음과 참 다행이라는 생각으로 다시 촬영에 임할 수 있었다. 그때 옆에서 통화를 듣고 있던 방송 프로듀서(PD)가 말했다.

"아이구! 그렇게 말랑말랑하게 부탁하면 세상 그 누가 안 들어줄까? 참 예쁘게 부탁하고 사과하네. 적당한 보상까지 선보이고…. 진심이 느껴지는 말하기, 이런 게 진짜 설득이지. 오늘 나도 한 수 배웠어. 땡큐!"

그때 다시 한번 느꼈다. 어떻게 말하고 어떻게 부탁하는지가 말투 하나에 달려 있다는 것을. 화려한 말하기 기술도 많겠지만 결국 매력적인 말하기는 진심이 느껴지는 말이라는 것을 말이다.

별것 아닌 것 같은데
별것이 되는 말

방송 진행자 중 '그게 아니라'를 입에 달고 사는 사람이 있다. 대화의 내용을 전환할 때도, 출연자가 재미없는 말을 할 때도, 흐름상 충분히 내용도 좋고 분위기가 좋아도 사용한다. 그야말로 습관적으로 '그게 아니라'이다. 한번은 게스트가 별명을 '그게 아니라'라고 지어 주면서 크게 웃는 상황까지 만들어졌다. 예능에서 재미를 위한 발언, 게스트의 말을 듣기 위한 유도 수단으로 혹은 리얼 토크를 위해서 쓰인다고는 하지만 그리 좋아 보이지는 않았다. 일상생활에서 이런 말버릇을 가진 사람이 있다면 당장 고치라고 말해주고 싶다. 서로의 주장이 옳다고 소위 우기는 상황이 벌어져 별것도 아닌 일이 감정싸움으로 인해 언짢은 상황으로 발전하기 쉽기 때문이다. 동의가 되지 않을 때는 '그게 아니라'라는 표현보다는 이렇게 바꿔 말해 보자.

'나는 동의하지 않는다, 너는 그래?'라는 의미로 상대방의 말을 다 듣고 난 뒤 '그래?'라고 표현해 보자. 눈치 있는 상대라면 그 부분에서 의견 충돌이 일어나지 않게 말을 정리할 것이고, 그렇지 않은 상대라면 '응 맞아.'로 대화는 종결되면서 다른 화제로 전환될 것이다. 상대방의 말을 반박하는 듯한 말버릇보다 '그래?'라는 말 하나로 '너는 그렇구나.'라며 인정하고 존중하는 말하기를 하는 사람이야말로 진정한 한 수 위의 사람이다.

말을 잘하다가도 이상하게 말끝을 흐리는 사람도 있다.

"오늘 만나서 진짜 반가…."

오늘 만나서 반가웠다는 건지 반갑지 않았다는 것인지 알 수 없는 말이다. 아닌 것 같지만 습관적으로 말끝을 흐리는 사람에게 신뢰감을 느끼기란 어렵다. 또한 무슨 말을 하려고 하는지 알아듣기도 힘들다. 어처구니없게도 문맥의 흐름상 대충 이해해야 하는 것은 듣는 사람의 몫이 된다. 피곤한 일이다. 무엇보다 메시지 전달력이 크게 떨어진다. 명확하지 않고 자신감 없고 전달력이 떨어진다. 어미 처리를 제대로 하지 않음으로써 그 사람에 대한 이미지와 메시지 전달력 모두 부정적 영향을 받게 된다.

그 때문에 우리는 어미를 정확히 처리하는 연습도 의식적으로 해야 한다. 끝말까지 확실한 사람은 똑 부러지는 스마트한 이미지로 비치지만 반대로 말할 때 어미를 애매모호하게 처리해서 도대체 무슨 이야기를 하는지 알아듣기도 어렵다면 결국 소통이 안 되는 이미지로 낙인 찍힐 수 있다. 혼잣말인지 상대에게 하는 말인지를 구분하기 어려운 사람들은 얼마나 사람들에게 큰 피로감을 주는지 짐작하기 어려울 것이다.

어미를 끝까지 제대로 처리하지 않다 보면 독백으로 되는 상황도 왕왕 생기기 때문에 오해의 소지도 생긴다. 요컨대, 앞으로는 말할 때 마지막 소리 하나까지 의식적으로 완결성을 높여 주자. 어린 자녀들에게는 말을 또박또박하라고 가르치면서 정작 어른들은 대충 말하는 경향이 있다. 별것 아닌 것 같지만 어미 처리까지 신경 써서 또박또박 말한다면 그렇지 않을 때보다 훨씬 더 유리한 상황이 될 것이다.

별것 아닌데 대화와 관계에 아주 치명적인 영향을 주는 것이 있다.

'아…, 음…, 정말…, 그래…, 어이쿠…, 저런…, 우와…'

나의 말에 매번 이렇게 반응을 보여주는 사람이 있다면 어떤 생각이 들까? '내 말을 잘 들어 주는구나!', '내 마음을 이해해 주는구나!', '우린 참 잘 통하는구나!' 긍정적인 생각이 지배적으로 들 것이다.

이런 리액션을 일상생활 속에서도 참 잘 하는 사람이 있다. 리액션을 선보이는 방청객이 아니다. 바로 나의 아버지이다. 그야말로 리액션의 대가로 불렸던 아버지는 항상 어머니가 말하면 그것이 어떤 말이라도 위와 같은 리액션을 보여 주셨다. 종일 일을 하고 퇴근한 뒤 분명 피곤할 법한 상황에서도 아버지는 어머니의 이런저런 이야기에 모두 반응을 보여주셨다. 어머니는 아버지의 그런 리액션을 통해 가사로 지친 몸과 마음이 치유되는 것 같아 참 좋다고 하셨다. 결혼을 해서 한 가정을 꾸려 살아보니 그때 아버지가 줄곧 선보인 리액션이 별것 아닌 것 같지만 생각보다 어렵고 지혜로운 일이라는 것을 알게 되었다.

가사로 힘든 어머니의 몸과 마음을 녹여 주었던 리액션과 추임

새들은 건강하고 매력적인 부부 공감, 소통으로 이어졌다. 덕분에 나는 어린 시절부터 부부싸움을 하는 부모님의 모습을 본 적이 없다. 항상 금슬 좋고 대화가 많은 부부의 모습이었다. 특히나 식탁에 마주 앉아 "그래?, 아…, 오…, 저런…, 그랬구나" 등으로 맞장구를 쳐 주던 아버지의 모습과 그런 아버지를 사랑스러운 눈빛으로 바라보는 어머니의 미소 가득한 얼굴이 지금도 눈앞에 아른거린다.

별것 아닌 것 같지만 리액션을 보일 때도 약간 흥분한 듯 혹은 깜짝 놀란 듯 큰 반응을 보여주는 것도 결과를 크게 바꿔 놓는다. 언젠가 한번은 우리집에 부모님 지인들이 작은 선물을 사 들고 인사를 온 적이 있었다. 물론 선물의 가치를 액수로 따질 수는 없겠지만 어머니 아버지의 리액션은 고가의 선물이라도 받은마냥 아주 기뻐하셨다. 너무나 리액션이 커서 "물건에 비해 두 분이 너무 크게 감동하셔서 그분들이 민망하겠어요."라고 하기도 했다. 항상 남을 배려했고 하나가 고마운 상황이면 열만큼 그 고마움을 표현하셨던, 지금은 고인이 되신 아버지를 통해서 자연스럽게 관계에 있어 리액션이 얼마나 큰 영향을 미치는지 알 수 있었다.

아버지의 빈소에 찾아온 사람들은 비슷한 말을 했다. 항상 공감과 위로가 되었고 그런 만큼 의지했고 존경했다고. 별것 아닌 것 같지만 상대방의 감정과 말에 공감하고 있음을 보여주는 아버지의 리액션은 그렇게 많은 사람에게 아버지를 인품 좋고 훌륭한 사람으로 기억하게 했다. 존경심은 사회적 지위나 권력으로도 생기겠지만 누군가에게 이구동성으로 좋은 사람, 매력적인 사람으로 불리기 위해서는 경청과 맞장구로 소통과 공감을 실천할 수 있어야 하지 않을까 싶다.

3부
관계에 매력이 스며든다

매력, 스며든다

- 1장   답정녀가 되지 않기
- 2장   매력적인 관계 만들기
- 3장   건강한 관계 만들기
- 4장   매력으로 셀프 브랜딩하기

당신은 참 매력 있는 사람입니다

1장
답정너가 되지 않기

"거울아 거울아! 이 세상에서 누가 제일 예쁘니?"
"누구긴 누구겠어, 어서 빨리 나라고 말해."

우리가 흔히 생각하는 '답정너(답은 정해져 있어. 너는 대답만 하면 돼'의 준말)' 질문은 이런 식이다. 하지만 이런 식의 질문이 언제나 나쁜 것만은 아니다. 상대방의 입장, 상황, 생각을 고려한 질문이라면 답을 정해 놓고 하는 질문도 반가울 때가 있다. 내가 하고 싶은 질문이 아닌 상대방이 듣고 싶은 질문, 상황에 맞는 질문을 했을 때 그렇다.

"이름이 뭐예요? 전화번호 뭐예요?"

한때 어딜 가나 들을 수 있었던 유명한 노랫말이다. 오늘도 카페에서 노트북을 두드리던 나는 흘러나오는 이 노래를 들으며 생각했다. 어쩌면 이 가수보다 내가 누군가의 이름과 전화번호를 더 많이 묻지 않았을까? 7년째 생방송으로 라디오를 진행하면서 청취자 연결 시 가장 많이 했던 질문은 "어디 사는 누구세요?"다. 그래서 내 별명은 '질문 잘하는 여자'다.

보이는 대로 믿어야지
보고 싶은 대로 믿어서는 안 된다

라디오 개편을 맞아 프로그램에 다양한 변화를 시도했다. 가장 큰 변화 중 하나는 작가 교체였다. 사십 대 후반의 여성 작가가 새롭게 투입되었고 변화를 위한 아이템 회의는 릴레이로 이어졌다. 어색함에 피곤함까지 더해지기 시작할 무렵 후배 리포터가 분위기 전환을 위해 작가에게 질문을 던졌다.

"아기는 몇 살이에요?"

아뿔싸! 작가는 미혼이었다. 분위기 전환은 성공했으나 후배 리포터가 의도했던 분위기는 분명 아니었을 것이다. 질문할 때 가장 주의해야 할 것 중 하나가 '지레짐작'이다. 그것이 사실인지, 본인의 생각인지를 정확히 파악한 뒤에 질문해도 늦지 않다. 보이는 대로 믿어야지 보고 싶은 대로 믿어서는 안 된다. 당신의 지레짐작이 상대방에게 상처가 될 수도, 관계를 멀어지게도 할 수 있기 때문이다.

'선입견'만큼 무서운 벽은 없을 것이다. 철학자 앙리 베르그송(Henri Bergson)의 말처럼 우리의 눈은 마음이 이해할 준비가 되어 있는 것만 보게 될 경우가 대부분이다. 그래서 고정적인 관념에서 나온 질문은 상대방을 온전히 이해하고 알아가는 데 방해가 될 뿐이다. 그렇다면 어떤 질문들이 상대방을 내 편으로 만들 수 있을까?

소크라테스(Socrates)는 남을 설득할 때 '예스!(Yes!)'를 최소한 세 번 연속 끌어내라고 제자들에게 가르쳤다. 상대에게 '예스!'라고 대답하는 횟수가 늘어날수록 상대방을 좋아하게 될 확률이 높다는 연구 결과가 소크라테스의 현명함을 증명해 준다. 부정적인 답을 끌어내는 질문보다는 긍정적인 신호를 주는 질문을 했을 때 상대방과 나의 거리는 점점 가까워진다.

찜통 같은 날씨, 출근을 해서 사무실에 들어가자마자 상쾌한 에어컨 바람이 나를 맞이한다. 함께 출근한 동료에게 한마디 건네 보자.

"와, 우리 회사 좋은 점은 에어컨이 빵빵하다는 거예요, 그렇죠?"

긍정할 수밖에 없는 질문이다. 이런 긍정 시그널을 주는 질문들이 많아질수록 상대방이 나에게 호감을 느끼게 될 확률도 높아진다. 특별히 부탁할 일이 있다면 더더욱 잊지 말고 긍정의 질문을 던져 보자.

이성의 호감을 사는 질문법은 따로 있다

"관심 있는 이성이라면 SNS 채팅 질문에 10분 이내에 답한다."

위의 글은 〈한겨레〉(2013. 03. 20. 기사) '카톡 답장 9분 안에 없으면 그는 당신에게 관심이 없다'라는 제목의 기사 첫문장이다. 기사 내용을 간단히 살펴보면 관심 있는 이성일수록 문자 답장 시간이 짧아진다는 것이다. '스캐터랩(Scatter Lab, 연애 콘텐츠 기업)'이 십 대부터 삼십 대 남녀 9만 2,419명의 대화를 분석한 결과 남성의 경우 관심 있는 이성에게 답장하는 데 평균 9분, 여성의 경우 평균 10분이 걸리는 것으로 나타났다.

그렇다. 관심이 없으면 질문도 없다. 궁금한 점이 없기 때문이다. 이성의 마음을 사로잡고 싶다면, 좋은 감정을 느끼게 하고 싶다면 말할 때도 전략이 필요하다. 더 정확하게 말하자면 질문에도 전략이 필요하다는 것이다.

여기 '질문'이 없어서는 안 되는 두 사람이 있다. 한 사람은 짝사랑을 시작하게 된 A 씨, 또 한 사람은 이제 막 회사에 입사한 지 일주일도 되지 않은 B 씨다. 사랑에 빠진 A 씨가 이성에게 궁금한 점이 없다면 그건 사랑에 빠졌다고 착각하는 것이거나 이미 모든 것을 알고 있을 때만 가능한 일이다. 신입사원 B 씨 역시 선임에게 질문이 없다면 회사에 대해 알고 싶지 않거나 이미 모든 업무를 파악했을 때만 가능하다. 이 두 사람이 입을 닫는다면 상대방은 오해하기 딱 좋다.

'아, 나에게[업무에] 관심이 없구나!'

이성이 나에게 호감을 느끼게 하고 싶다면 칭찬을 가장한 질문을 해 보자. 상대와 함께 있을 때 기분 좋은 체험을 하게 되면 다음 번에 그 상대를 만났을 때 체험했던 경험이 떠올라 호감을 느끼게 된다는 '연상의 원리'가 작용하기 때문이다. 칭찬인 듯 아닌 듯한 질문을 자주 건네 보자.

같은 반 동성 친구와 친해지고 싶은 A 양, 오늘 친구가 새 가방을 메고 온 것을 보고 A 양은 다가가 이렇게 말했다.

"이 가방 진짜 예쁘다. 너한테 정말 잘 어울려. 어디서 샀어? 나도 알려 주면 안 돼?"

새로 산 가방이 예쁜 데다가 자신에게 잘 어울린다는 칭찬까지 들었으니 기분이 한껏 좋아진 그 친구는 어디서, 어떻게 할인을 받아서 샀는지까지 구체적으로 알려줄지도 모른다. A 양은 이미 다 알고 있지만, 그래도 친해지고 싶은 친구와의 거리를 좁혀주는 대화가 반갑기만 하다.

회사 동료인 그를 짝사랑하는 A 씨, 오늘 프레젠테이션(PT) 발표 담당자였던 그가 만족스러운 프레젠테이션을 끝내고 회의실을 나오는 길이었다. A 씨는 이 순간을 놓치지 않았다.

"와, 오늘 발표 정말 좋던데요? 저는 파워포인트(PPT) 만드는 게 정말 어렵던데…. 어떻게 만드는지 알려주시면 안 될까요?"

이 경우 '인지 부조화' 이론도 한몫한다. 만약 그가 A 씨를 도와줬다면 '내가 좋아하니까 도와줬나?'라는 인지 조화 상태에 이르게 된다. '싫어하는데 도와줬다.'라는 부조화 상태는 자신의 행동에 모순이 발생하기 때문에 도움을 준 것에 동기를 부여해 호감이 있다는 것으로 결론을 내리는 것이다. 일거양득의 상황으로 이어진다면 더없이 좋을 것이고, 그저 도움만 받게 되더라도 함께 공유한 것들을 이렇게 하나씩 늘려 간다면 그 사람과의 거리도 조금씩 좁혀질 수밖에 없다.

모르면 제발 물어볼래

입사한 지 얼마 되지 않은 신입사원 B 씨의 이야기다. B 씨에게는 '내발적 동기 부여'가 필요한 시기다. 사회 심리학자 에드워드 데씨(Edward Deci)가 이름 붙인 '내발적 동기 부여'는 '동기 부여'로 자신의 호기심과 흥미를 더 끌어올릴 수 있다는 것이다. 신입사원에게 필요한 건 많고도 많겠지만, 의외로 많은 사람이 놓치고 있는 것이 '질문'이다.

관리자급을 대상으로 직장 예절, 조직 커뮤니케이션 등을 강의할 때 교육생들에게 꼭 이런 질문을 한다.

"후배나 동료들에게 바라는 점이 있나요?"

놀랍게도 이 질문에 대한 교육생들의 90% 이상의 답은 '제발 질문 좀 해라!'였다. 질문하는 순간 무식한 사람, 능력 없는 사람으로 보일까 두려워 피하는 이도 있을 것이고, 충분히 본인 스스로 해결이 가능하기에 질문의 필요성을 못 느낀 이도 있을지 모른다. 또한 질문을 해도 그다지 만족스러운 답변을 해주지 않을 것이라는 지레짐작에서 애초에 질문을 생략하는 사람도 있다. 같은 질문을 여러 번 하면 화가 나겠지만 모르는 것을 물어보는 것은 죄가 아니다. 모르고 시도했다가 일을 망치고 나서 수습해 달라고 하는 것보다 몇 번을 질문하더라도 끝까지 알아가는 것이 신입사원이 해야 할 일이다. 끝없이 질문하는 후배의 열정은 회사에 대한 애정으로 비춰질 것이다.

물론 질문할 때도 주의할 점이 있다.

첫째, 같은 질문을 반복해서는 안 된다. 이유는 말하지 않아도 알겠지만, 자신이 한 질문과 답변을 꼭 기억해 실천하도록 하자. 같은 질문을 반복한다면 답을 해준 상대방은 무시질 한다는 느낌을 받을 수 있다.

둘째, 자신의 걱정을 질문해서는 안 된다. "안 되면 어떻게 하죠?", "실패하면 어떻게 합니까?", "이 방법이 잘 될까요?" 이것이야말로 기우다. 쓸데없는 걱정을 하는 후배에게 웃으며 답해줄 착한 선배는 많지 않을 것이다.

셋째, 이해되지 않았다면 다시 질문해야 한다. 같은 질문을 반복해서는 안 된다고 했지 이해가 되지 않는 것을 그냥 넘어가라는 것이 아니다. 정확한 업무 파악은 신입사원에게 너무나도 중요하지만 어려울 수밖에 없는 부분이다. 모호한 점이 있다면 이해가 될 때까지 물어보도록 하자. 이는 비단 신입사원에게만 해당하는 것은 아니다. 성공적인 직장생활은 물론이고 좋은 대인관계를 만들고 싶다면 질문을 두려워하지 말자.

나를 성장시키는 것도 결국은 질문이다

워싱턴주에 있는 토머스 제퍼슨(Thomas Jefferson) 기념관의 외곽 벽은 부식이 심했다. 관장은 이 문제를 해결하기 위해 원인 분석에 나섰다. 그 과정에서 외곽 벽의 부식은 관리 직원들이 돌을 필요 이상으로 청소하기 때문에 발생했다는 예상 밖의 사실을 알게 됐다. 직원들은 덜 자극적인 화학 세제를 사용해야 한다고 결론을 내렸다. 하지만 당시 기념관 관장은 이런 '질문'을 던졌다.

"왜 기념관을 그렇게 청소하는 거죠?"

직원들은 비둘기들이 떼 지어 몰려와 똥을 싸 놓고 가기 때문이라고 했다. 그럼 비둘기들을 쫓아내면 되겠다고 직원들은 입을 모아 얘기했다. 관장은 다시 '질문'을 던졌다.

"왜 비둘기들이 떼 지어 몰려오는 거죠?"

직원들은 거미를 잡아먹기 위해서라고 말했다. 관장은 또 한 번 '질문'을 했다.

"그렇다면 거미가 왜 그렇게 많은 거죠?"

거미들이 많이 꼬이는 이유는 나방 때문이었다. 거미의 먹이가 되는 나방이 많아 거미가 몰려들었던 것이다. 관장은 다시 한번 '질문'을 이어 갔다.

"나방은 왜 그리 많은 거죠?"

나방이 몰리는 이유는 기념관의 불빛 때문이었다. 해 질 녘 켜 놓은 불빛이 나방을 끌어모아 거미와 비둘기까지 꼬이게 되고, 비둘기 똥으로 인해 필요 이상으로 청소를 하는 탓에 기념관의 부식이 심하다는 결론에 이르렀다. 그 후 제퍼슨 기념관의 외곽 조명은 두 시간 늦게 켜졌다. 나방이 모이는 시간대에 불을 켜지 않으니 나방이 날아들지 않았고 이어 거미도, 비둘기도 꼬이지 않았다. 다섯 번의 '왜'라는 질문이 건물의 부식을 막은 셈이다.

토요타 자동차 회장 조 후지오(Cho Fujio)는 직원들에게 "다섯 번 '왜?'라는 질문을 해보라."라고 말한다. 문제의 본질에 닿기 위해서는 최소 다섯 번의 질문이 필요하다는 것이다. 어떠한 문제에 직면했을 때 사람들은 원인을 찾으려 한다. 하지만 단 하나의 원인이 그 문제의 본질을 해결할 수는 없다. 그럴 때 최소 다섯 번 "왜?"라는 질문을 던져 보자. 근본적인 문제점을 찾을 수 있게 될 것이다.

자신에 대해 알아가는 과정에서도, 상대방에 대해 알아가는 과정에서도 '왜?'라는 질문이 필요하다.

어느 회사에나 불편한 관계가 존재하듯이 남편 회사에도 남편과 불편한 관계의 사람이 있었다. 그날도 평소처럼 남편과 함께 저녁을 먹으면서 그 사람의 '뒷담화'가 시작되었다.

"그 사람은 일을 너무 안 해. 자기 일인데 자꾸 다른 사람에게 시킨다니까요."

나는 물었다.

"왜 자기 일인데 다른 사람을 시키는 거예요?"
"자기가 못하니까 우리보고 하라는 거지 뭐."

나는 다시 물었다.

"그래요? 근데 당신은 왜 그 일을 대신 해주는 거예요? 당신 일이 아니라면서."

남편은 답했다.

"그 사람이 못 할 거 아니까, 그냥 마지못해 해주는 거지. 그 일을 안 하면 다음 일로 넘어갈 수가 없거든."

나는 계속 의문이 들었다.

"팀원인데 그 일을 못 하는 사람이 있을 수도 있는 거예요?"

남편은 말했다.

"그러게…, 한 번만 배워두면 자기가 할 수도 있을 텐데…."
"그럼 당신이 방법을 알려주면 되지 않을까요?"

남편도 의문이 생기는 듯했다.

"글쎄…, 연세가 있으셔서 알려 드려도 모르실 것 같은데…, 그리고 보니 알려드린 적은 없는 것 같네. 내일 한번 얘기해 볼까?"

그렇게 다음 날 남편의 퇴근길은 아주 가벼웠다.

아니 땐 굴뚝에 연기가 날까? 원인 없는 결과가 있을까? 나는 그 사람이 그냥 싫어. 과연 가능한 일일까? 사람과의 관계에서 감정적으로 다가가기보다는 근본적인 원인이 무엇인지 이성적으로 생각할 필요가 있다. 생각에 감정이 들어가면 오해를 하게 되거나 고정관념이 생기기 마련이다.

사실만을 놓고 원인을 찾아가다 보면 그 사람과의 관계가 더 멀어지지는 않을 것이다. 사람 관계에서의 문제점은 상대방의 문제일 수도 있지만, 내 문제일 수도 있다고 생각해야 한다. 좀 더 나은 자신이 되기 위해서 "왜?"라는 질문을 던져 보자. 질문만 잘해도 건강한 관계는 물론이고 자신을 충분히 성장시킬 수 있다.

매력적인 관계를 위한 슬기로운 질문

학창시절부터 지금까지 나에게 꾸준히 상담 요청이 이어졌다. 성적 고민, 친구 고민, 엄마와의 갈등, 좋아하는 연예인의 결혼으로 우울한 친구의 감정 등 참으로 다양한 종류의 고민에 대해 상담해 주었다. 그중에서도 단연 가장 많았던 고민 상담은 지금도 자주 들어오는 남녀 문제에 관해서이다.

얼마 전의 일이다. 먼저 방송을 마친 후배 하나가 집에 가지도 않고 나를 애타게 기다리고 있었다. 소개팅을 앞두고 있던 터라 성공적인 소개팅을 위한 팁을 얻고 싶다고 했다. 그의 질문은 소개팅만 나가면 무슨 말을 해야 할지 모르겠다는 것이었고, 자신이 무슨 말만 하면 대화가 뚝뚝 끊겨 더 이상의 진전이 없다고 했다. 자신은 분명 호감이 있었는데 상대방은 자신의 태도가 그게 아닌 것처럼 느껴져 다음 만남으로 잘 이어지지 않는다고 했다.

"대체 소개팅에 나가서 무슨 말을 어떻게 해야 할지 정말 모르겠어요."

후배의 말하기 패턴은 이러했다. 나이가 같으면 "나이가 같으시네요.", 영화를 좋아하면 "영화 좋아하시죠?", 사는 동네가 같으면 "같은 동네 사시네요. 신사동 맞죠?" 이런 식이었다. 이런 질문을 받는다면 상대방은 뭐라고 답을 할 수 있을까?
이런 질문들은 모두 '닫힌 질문'에 해당한다. 모두 '네' 또는 '아니요'라는 대답으로 이어진다. 상대방에게 생각할 수 있는 여지를 주지 않는다. 이미 결과를 낸 뒤 대답을 바라는 질문이기 때문이다. 더 많은 대화를 나누고 싶다면 '열린 질문'으로 상대를 맞이해 보자.

이럴 때 육하원칙을 기억하면 좋다.

'누가, 언제, 어디서, 무엇을, 어떻게, 왜'

알아도 모른 척, 짐작이 가더라도 궁금하다는 듯 이 여섯 가지를 기억하고 묻는다면 대화를 계속해서 이어 나갈 수 있을 것이다. 유도 질문은 상대방의 대답을 '네' 또는 '아니요'로 단절시키지만, 육하원칙이 포함된 질문은 상대방이 자신의 생각을 스스로 말할 수 있게 돕는다.

예를 들어, 회사 생활을 힘들어하는 동료에게 "회사 일이 많이 힘들지?"라고 질문을 하기보다는 "요즘 회사 생활이 어때?"라고 질문했을 때 동료의 생각을 더 많이 들을 수 있다.

슬기로운 질문력 키우기 연습

다음 4가지 질문에 대해 좋은 질문과 나쁜 질문을 구별해 보고, 스스로 답을 해 보자.

[질문 1]

학교 다녀왔어?		어디 다녀왔어?
노래 잘하지?	VS	잘하는 게 뭐야?
스트레스를 받아서 그런가?		요즘 무슨 일 있어?

보다 더 많은 생각을 하게 만드는 질문은 어느 쪽인가? 생각의 폭을 넓혀주는 질문이 바로 좋은 질문이다.

[질문 2]

꿈이 뭐예요? 　　　　　　　꿈이 있어요?
어떤 운동 좋아하세요?　 VS 　취미가 뭐예요?
비도 오는데 파전에 막걸리 어때요?　비도 오는데 뭐 먹고 싶은 거 있어요?

책가방을 메고 있는 초등학생을 보고 나는 당연히 '학교를 다녀왔겠구나' 생각했지만 "어디 다녀왔어?"라고 꼬마 친구에게 물었다. 답은 "줄넘기 학원에 갔다 왔어요."였다.
누군가에게 "꿈이 뭐예요?"라고 묻는다면 그건 실례다. 당연히 꿈이 있을 것이라는 선입견을 가지고 묻는 것이기 때문이다.

앞서 말했지만, 선입견은 상대방과 벽을 만드는 가장 쉬운 방법이다. '꿈을 가지고 살겠지.', '좋아하는 운동이 한 개쯤은 있겠지.', '비가 오면 파전이지.'라는 자신의 생각을 담아 물어본 것이기 때문이다. 이 역시 닫힌 질문에 해당한다.

[질문 3]

준비 다 했냐?		준비 다 했어?
언제 갈 건데?	vs	언제 갈 거야?
그거 다 했지?		그거 다 했어?

한국어 강사로 외국인 학생 대상의 수업을 하면서 어떤 어휘와 어미들을 사용했을 때 어감이 어떻게 달라지는지 좀 더 명확히 알 수 있었다. 보통은 '그냥'이라 생각할 수 있는 말들도 모두 정확한 '이유'가 있다.

두 질문의 다른 점은 무엇일까? 바로, '어미'에서 오는 '어감'의 차이다. '…냐?'는 윗사람에게는 쓸 수 없는 어미다. 이 때문에 어떤 상황에서도 가볍게 들리는 말이기에 듣는 사람에 따라 듣기 거북할 수 있다.

세상에 그냥 기분 나쁜 말은 없다. '…는데?'는 듣는 이의 반응을 기대하지 않는다는 듯이 말할 때도 반응을 기대할 때도 사용한다. 전자라면 듣고 싶지도 않으면서 물어보는 느낌을 줄 수 있고, 후자라면 상대방에게 답을 요구하는 느낌을 줄 수도 있다. 그렇기에 전자든 후자든 좋은 질문이 될 수 없다.

'…지?'는 '너도 알고 있지?'라는 의미의 어미다. 비슷한 느낌의 어미로 '…잖아?'가 있다. 이 어미는 '당연히 그렇다.'라는 의미가 있다. 내 남편이 자주 사용하는 말이기도 하다. 먼저 아는 척하기 아주 좋은 말이다.

예를 들어, 내가 "냉장고에 우유 있어요?"라고 물으면 남편은 "우유 사야 되잖아?"라고 답을 한다. '냉장고에 우유가 없으니까 사야 해.'라고 나의 질문에 대한 답을 건너뛰고 자신의 말을 질문으로 하는 것이다. 남편의 의도는 그게 아니었지만 나는 '너는 그것도 몰라?'라고 들릴 확률이 높다.

들었을 때 '그냥' 기분이 나쁜 말은 없다. 상대방의 생각을 닫아 버리는 '…냐?', '…은데?', '…지?', '…잖아?'라는 어미는 자주 사용하지 않는 것이 좋다.

[질문 4]

학교를 갔으면 공부를 해야지 ('잘'은 옵션)
공부를 했으면 대학을 가야지 ('좋은'은 옵션)
대학을 갔으면 취직을 해야지 ('연봉'은 옵션)
취직을 했으면 시집을 가야지 ('빨리'는 옵션)
시집을 갔으면 애를 낳아야지 ('둘'은 옵션)

이렇듯 우리는 나이 불문, 성별 불문, 경력 불문하고 수많은 정해진 답들 속에서 살아가고 있다. 참 듣기 불편한 말들과 질문이다. 정해진 답에 맞춰 생각하다 보니 나 스스로 생각할 기회를 박탈당해 머리가 굳어진 건지도 모른다.

정해진 답이란 없다. 꼬리에 꼬리를 물고 질문해 나가다 보면 '나만의 정답'을 찾아낼 수 있다. '미래의 리더는 질문하는 리더가 될 것이다'라는 미국의 경영학자 피터 드러커(Peter Drucker)의 말처럼 누군가의 답에 의존해 살기보다는 스스로 질문에 답을 하는 삶을 만들어 갈 때 내 삶의 진정한 리더가 될 수 있을 것이다.

2장
매력적인 관계 만들기

윌리엄 셰익스피어(William Shakespeare)는 말했다.

"말 적은 이가 제일 좋은 사람이다."

작가이자 칼럼니스트인 프랭크 타이거(Frank Tyger)는 이런 말을 남겼다.

"남의 말을 경청하라. 귀가 화근이 되는 경우는 없다."

《탈무드(Talmud)》에는 이렇게 쓰여 있다.

'사람에게 하나의 입과 두 개의 귀가 있는 것은 말하기보다 듣기를 두 배로 하라.'

듣기의 중요성을 강조하는 명언은 너무나도 많고, 경청을 다룬 책들도 셀 수 없이 많다. 침묵은 금이다. 경청에서 가장 우선시 되어야 하는 것은 입을 닫는 것이다. 가장 중요하면서도 가장 어려운 것은 말을 하지 않는 것이다. 내 말을 줄여야 상대방의 말을 들을 수 있다. 하지만, 나의 말수를 줄이고 상대방의 말에 집중한다는 것은 생각보다 쉽지 않다. 잘 듣다가도 갑자기 내가 하고 싶은 말이 생각나면 거침없이 듣기를 생략하고 하고 싶은 말을 쏟아 놓는다. 정도의 차이가 있지만 누구라도 그렇다. 이것은 인간의 본능이다.

듣기가 어려운 당신에게:
말하고 싶어 죽겠지만 일단 이렇게 해 보자

매력적이고 건강한 대인관계를 유지하는 사람들에게 목격되는 커 말하기 방법 중 대표적인 것은 7:3 대화법이다. 대화를 나눌 때 의도적으로 상대가 70%가량 말하게 하는 것이다. '그게 뭐가 어렵다고?'라고 생각하는 사람도 있을 것이다. 그런데 나의 말수를 줄이고 남의 말을 들어 주는 일은 생각보다 매우 어렵다. 상대방에게 말할 수 있는 권한을 무려 70% 준다는 것은 내가 하고 싶은 말을 그만큼 많이 참고 상대방의 말에 집중해야 하는 일이기 때문에 말하기 좋아하는 사람에게는 고문에 가깝다고도 한다.

7:3 대화법으로 만남을 이어가게 되면 상대방은 '아…, 내가 주도권을 잡고 있구나.'라고 생각하게 된다. 협상이나 설득하는 과정에서 많이 사용하는 방법이다. 많은 말을 하게 된 상대는 의지와는 상관없이 감춰 둔 생각까지 말하게 된다. 속내를 드러낸 상대 덕분에 나는 유리한 위치를 선점할 수 있게 되고 협상은 좀 더 수월해진다. 7:3 대화법을 '성공의 대화법'이라 부르는 이유이다. 그래서 좋아하는 사람이 있다면, 그 사람의 마음을 사로잡고 싶다면 주저리주저리 내가 하고 싶은 말을 하기보다는 상대방의 말을 들어줘야 한다. 그러기 위해서는 열린 질문이 먼저라는 것을 잊지 말자.

기업인 스티븐 코비(Stephen Covey)는 듣기에도 단계가 있다고 했다. 그가 말하는 단계는 5단계다.

1단계: 무시하거나 회피한다.
2단계: 듣는 척만 한다.
3단계: 특정 부분만 듣는다.
4단계: 귀 기울여 듣는다.
5단계: 공감하면서 듣는다.

그저 말을 듣는 게 목적이라면 입을 닫으면 되지만 마음을 듣는 게 목적이라면 약간의 기술이 필요하다. "다른 사람의 이야기를 '잘' 들어주면 인생의 80%는 성공한다."라는 데일 카네기(Dale Carnegie)의 말은 그냥 나온 것이 아니다. 그렇다면 '어떻게' 들어야 '잘' 듣는 것, '공감'하면서 듣는 것일까?

사진 속 여성과 대화하고 있다고 가정해 보자. 이 여성은 과연 나의 말을 듣고자 하는 의지가 있는 걸까? 팔짱을 끼고, 다리를 꼬고, 다른 곳을 향해 시선을 돌리고 있는 뚱한 표정의 그녀는 나의 말에 집중하고 있지 않다는 합리적 의심을 할 수밖에 없다. 좋다. 백번 양보해서 자세는 평소 습관처럼 앉았다고 하자. 하지만 단 하나, 시선만큼은 용서가 안 된다. 말하는 사람은 앞에 있는데 초점 없이 다른 생각을 하는 듯 딴 곳을 바라보고 있는 사람과 어느 누가 이야기하고 싶겠는가?

경청의 종류는 크게 두 가지로 나눠 볼 수 있다. 비지시적 카운슬링 이론의 창시자인 칼 로저스(Carl Rogers)는 말하는 이에게 집중하며 상대방과 눈을 맞추고 적극적으로 호응하며 듣는 것을 적극적 경청(Active Listening)이라 칭했다. 그와는 반대로 상대방의 말을 가로막지는 않지만, 공감도 집중도 없이 그저 상대가 말하도록 방치하는 것을 수동적 경청(Passive Listening)이라 했다.

상대의 눈을 본다는 것이 민망하다는 이유로 수동적 경청을 이어가는 사람들이 많다. 이런 듣기가 이어지면 말하는 이는 어떻게 될까? 자신조차 이야기에 집중하지 못하고 '어디까지 이야기했더라?', '무슨 말을 하고 있었지?'라며 주제를 잃거나 말에 흥미가 떨어질 게 불 보듯 뻔하다. 이런 대화가 서로에게 무슨 의미가 있을까? 그저 시간을 때우기 위한 대화가 아니라면 대화하는 이를 방치해서는 안 된다. '나는 너의 말을 듣고 있다.'라는 의미의 시선과 자세로 '그 사람에게 집중'하고 있을 때 제대로 된 '대화'를 이어갈 수 있다.

진실한 벗이 되기 위한 눈으로 듣기

기업 강의가 끝나고 천천히 자리 정리를 하고 있었다. 그런데 한 어르신께서 내게 조용히 다가와 이런 고민을 털어놓으셨다.

"나는 말이 너무 빠른데, 어떻게 하면 천천히 말할 수 있을까요?"

그 어르신은 자신도 말이 너무 빠르다는 것을 인지하고 있지만 잘 고쳐지지 않는다는 것이다. 말의 속도가 빠른 탓에 생각을 정리하기도 전에 말이 튀어나오기도 하고, 말의 앞뒤가 맞지 않는 경우도 있는 데다 자신이 무슨 얘기를 하고 있었는지 스스로가 잊어버릴 때도 있다고 헸다. "예전엔 그러지 않았는데…."라는 말도 덧붙였다.

이토록 말이 빨라진 이유가 무엇일까?

말이 빨라지는 원인은 다양하지만, 이분의 원인은 바로 '불안'이었다. 상대방에게 하려는 말은 한가득 있는데 내 얘기를 끝까지 듣지 않을까 봐 혹은 시간이 갈수록 집중력이 저하될까 봐 불안한 마음에 많은 양의 말을 한꺼번에 쏟아 내는 것이다. 상담이 끝나고 어르신은 고개를 끄덕이시면서 이렇게 말했다.

"맞아, 어느 순간부터 애들이고 마누라고 내 말을 안 들어. 말만 하려고 하면 딴 데를 보거나 나가야 한다고 해. 그러니 말이라도 빨리 해야 내 할 말을 다 할 수 있지."

어머님들의 말의 속도가 빠른 이유와 일맥상통했다. 이런 경우에는 상대방의 리액션이 말의 속도를 좌지우지할 수 있다. 리액션은 말하는 이, 그것을 보고 있는 타인에게까지도 영향을 준다. 정신분석학자 에릭 에릭슨Erik Erikson의 심리 사회적 발달 이론에 따르면 '모든 인간은 다른 사람과 연결되길 원하는 욕구를 가지고 있고, 다른 사람이 자신의 이야기를 들어주기를 바라는 마음을 가지고 있다.'라고 한다. 대화하면서 상대방의 반응을 파악하게 되는데, 반응이 좋으면 상대방과 잘 연결돼 있다고 느끼지만 반응이 없거나 무관심하면 연결이 잘 안 되고 있다고 느낀다는 것이다. 그 때문에 경청에 있어서 리액션은 빠져서는 안 되는 기술이다.

제대로 된 리액션을 하기 위해서는 먼저 진심 어린 눈빛이 필요하다.

'난 너의 말에 집중하고 있어. 그러니 편히 말을 이어가도 괜찮아. 계속 이야기해 주겠니?'

뚫어져라 보고만 있으라는 것이 아니다. 네 말에 집중하고 있다는 신호를 '눈빛'으로 보내는 것이다. 이야기하는 사람은 왼쪽에 있는데 오른쪽을 보고 대답한다면 눈에 보이는 뒤통수를 한 대 치고 싶지 않겠는가? 담백한 눈빛을 보내고 있다면 적당한 끄덕임도 가

미해 주자. '이 사람은 내 이야기에 공감하면서 듣고 있구나.'라는 착각이 들게끔 말이다.(착각이 아니라면 더욱 좋다). 자신의 말에 공감한다고 느끼게 된 이는 마음 편히 말을 이어갈 수 있을 것이다.

적당한 끄덕임에 간헐적 감탄사도 더해 주자. '아, 응, 어, 그래'와 같은 '나 듣고 있다'가 아닌, '아, 그래?, 그랬구나!, 그래서?, 아니 몰라, 어떻게 됐는데?'와 같은 '네 말이 궁금해'를 적절히 활용하자. 자신의 말에 궁금함을 느끼고 있다고 생각하면 상대방은 더욱 신나게 말을 이어갈 수 있을 것이다.

여기에 굳히기 작업, 바로 '웃음'을 더하자. 적절한 타이밍에 웃어주기만 해도 말하는 이는 이미 당신의 리액션이 '진심'이라고 느낄 것이다.

그렇다면 반대의 경우는 어떨까? 웃고 떠들며 할 수 있는 이야기가 아닌, 한없이 진지하고 슬프기 그지없는 이야기를 듣고 있다면 말이다. 웃음도 많고 눈물도 많은 유재석은 리액션에 아주 능하다. TV 프로그램 〈유퀴즈 온 더 블럭〉에서 화제가 됐던 장면 중 하나가 바로 유재석의 눈물이었다. 코로나19로 서울에서 대구까지 가야만 했던 간호사와 인터뷰를 나누던 중, 유재석은 갑자기 눈물을 보였다. 덤덤하게 "괜찮습니다, 잘 지내고 있습니다."라고 말한 간호사의 말에 유재석은 왜 눈물을 흘렸을까? 아마도 간호사의 '말'만을 들은 것이 아니라 '마음'을 읽었기 때문이 아닐까?

표현하지 않으면 조상님도 그대 속을 모른다. 유재석의 눈물은 웃을 때도 나온다. 바로 보이는 리액션이다. 웃다 못해 안경을 살짝 올리면서 눈물 맺힌 눈을 한번 훔쳐 주면 '저 사람은 내 이야기가 눈물 나게 재미있구나!'라는 것을 느끼게 해준다. 이런 반응에 어찌 이야기를 이어 나가지 않을 수 있단 말인가.

그리스 철학자 플라톤(Plato)은 "남의 말을 열심히 듣는 사람은 말하는 사람 입장에서는 진실한 벗과 같다."라고 말했다. 결국 '잘' 듣기만 해도, 상대방의 진실한 벗이 될 수 있다.

용서받기 좋은 사과의 골든 타임은 따로 있다

세계적인 경영 학술지인 하버드 비즈니스 리뷰(HBR)는 과거 정치와 재계 지도자가 했던 사과의 성공 및 실패 사례를 분석하는 논문을 실었다. 성공 사례 중 제임스 버크(James Burke) 회장의 사과를 가장 완벽한 사과라고 평가했는데, 그 이유는 '진실성과 타이밍'이었다. 버크 회장의 회사 제품 타이레놀에 누군가가 독극물을 주입해 사망 사고가 발생하자 버크 회장은 "사태에 책임을 지겠다."라고 사과한 뒤 미국 전역의 타이레놀을 회수했다. 추가 비용은 1억 달러에 달했지만, 회장은 약속을 지켰고 회사는 위기를 극복할 수 있었다. 반면 실패한 사례로는 1989년 알래스카 해안에 대규모 기름 누출 사고가 발생했음에도 6일 동안 언론 접촉을 피했던 엑손 발데즈(현 엑손 모빌) 로렌스 롤(Lawrence Rawl) 전 회장의 일화를 꼽았다. 회피하는 것도 모자라 사과 성명도 일관성이 없었다. 사태의 심각성을 깨닫고 뒤늦게 사과를 했지만 때는 이미 늦은 뒤였다. 이렇게 사과에 있어 타이밍은 굉장히 중요하다.

그렇다면 그 타이밍은 정확히 언제쯤일까? 심리학자인 신시아 프란츠(Cynthia Frantz)와 커트니 베니그손(Courtney Bennigson)은 '사과 타이밍이 사과의 효율성에 미치는 영향'에 대한 실험 논문을 발표했다. 대학생 82명(여성 47명, 남성 35명)을 대상으로 한 실험의 시나리오를 요약하면 다음과 같다.

> 그녀는 월요일에 남자친구와 금요일 저녁 7시에 함께 보고 싶었던 영화를 보러 가기로 약속했다. 그런데 그녀의 친구들이 금요일 저녁에 함께 파티에 가자고 한다. 그녀는 남자친구와의 약속을 깰 수 없어 파티를 거절했고, 금요일 저녁 7시 영화관 앞에서 남자친구를 기다리고 있었다. 하지만 그는 8시 30분이 넘도록 오지 않았고 그녀는 기다리는 것을 포기했다.
> 다음날, 그녀는 다른 친구들에게서 남자친구가 금요일 저녁 자신의 친구들과 파티를 즐겼다는 이야기를 듣게 된다. 이에 화가 난 그녀는 그에게 전화를 걸었다. 남자친구는 머리끝까지 화가

난 여자친구에게 사과하는데, 사과 내용을 포함해 모든 것은 동일하지만 단 하나, 사과의 시점이 다르다.

첫 번째 그룹은 통화하자마자 그가 먼저 사과하는 경우였고, 두 번째 그룹은 여자친구가 화를 마구 낸 뒤에 사과하는 경우였다. 어느 시점에 사과하는 것이 여자친구의 화를 더 누그러뜨렸을까? 그대라면 어떤 시점에서 사과해야 더 효과적이라고 생각하는가?

정답은, 후자였다. 사과를 늦게 받았을 때 여자친구의 감정 상태가 가장 큰 폭으로 좋아졌다. 이 실험 결과는 잘못을 했을 때 상대방이 자신의 분노를 충분히 표현하도록 시간을 두고 충분히 들어준 뒤 사과하는 게 낫다는 결과를 보여준다.

두 심리학자는 피해자가 상대방을 용서하기 위해서는 분노 감정을 식힐 시간, 이를테면 '분노 숙성 단계'가 필요하다고 말한다. 감정을 식히는 시간에 화를 낼 수도, 화의 원인을 설명할 수도, 눈물을 보일 수도 있다. 피해자는 이 단계를 거친 뒤에야 상대방이 내 마음을 충분히 이해했다는 점을 스스로 인식하고 사과를 받아들일 수 있다는 것이다. 사랑의 표현과 감사의 인사는 빠를수록 좋지만 사과는 '경청'의 시간이 필요하다. '대화의 기술보다 더 값진 것은 경청의 기술'이라는 말콤 포브스(Malcolm Forbes)의 말처럼 듣는 기술에 많은 시간을 투자해야 할 이유는 충분하다.

인사만 잘해도 반은 성공:
인사 매너 더하기

미국 컬럼비아 대학 MBA 과정에서 기업 CEO를 대상으로 '성공에 가장 큰 영향을 준 요인은 무엇인가?'에 대한 설문 조사를 실시한 결과 응답자의 93%가 '대인관계에 대한 매너'를 꼽았다.

현 직장인들의 생각 역시 다르지 않았다. 취업 포털 사이트 '잡코리아'는 직장인 1,412명을 대상으로 설문 조사를 실시했다. '직장생활을 위해 업무 능력 외에 꼭 갖춰야 할 능력은 무엇일까?'라는 질문에 38%가 '동료 간의 매너'를 꼽았다고 한다. 그렇다면 이미 성공한 사람도, 현업에서 성공하고 싶은 사람도 하나같이 중요성을 강조하는 매너, 어떻게 해야 우리는 매너 있는 사람이 될 수 있을까?

위의 이미지는 엔제리너스 커피에서 진행한 '따뜻한 말 한마디' 이벤트 포스터다. 해당 날짜에 카페를 방문한 고객이 주문하는 말씨에 따라서 커피값이 달라진다. 인사만 잘해도 커피를 반값에 마실 수 있었다.

스타벅스에서도 비슷한 이벤트를 진행했다. 해당 날짜에 매장에서 음료를 주문할 때 하이파이브 그림에 손을 맞추면 주문한 음료의 사이즈를 무료로 업그레이드 해주는 이벤트였다.

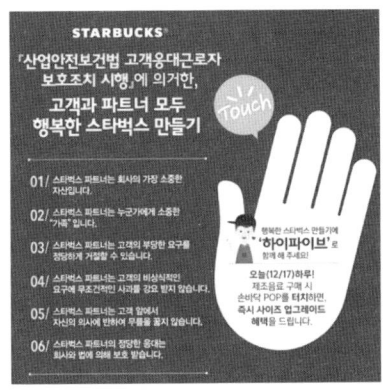

카페에서 손해를 보면서까지 이런 이벤트를 시작한 이유는 무엇일까? 스타벅스 코리아는 고객과 임직원이 서로 존중하고 배려할 수 있는 근무 환경 조성을 위해 이 캠페인을 시작했다고 밝혔다. 엔제리너스 커피 대표 역시 같은 생각이었다. 한창 '갑질 논란'이 불거지는 시기에 이런 이벤트들은 좋은 반응을 얻었다.

'인사만 잘해도 반은 성공!'이라는 말은 한 번쯤 들어봤을 것이다. 인사성을 두고 인성, 인품까지 평가하기도 한다. 이런 인사는 비즈니스뿐 아니라 일상생활 속에서도 영향력이 크다.

눈이 마주쳤는데 인사를 안 하는 사람이 있다. 언제 만나도 그 사람은 인사를 하지 않는다. 과연 당신이라면 이 사람을 좋게 볼 수 있을까? 사람과 사람 사이에 있어 가장 기본이 되는 예절인 인사조차도 생략하는 사람과 그 어떤 대화를 나눌 수 있을까?

프렌차이즈 카페 본사에서 근무하는 지인이 말하길 카페 매장에서 일할 때 가장 힘든 점은 '무시'라고 했다. 들어오자마자 인사도 없이 다짜고짜 반말로 주문하는 손님들이 아주 많다고 했다. 그런 사람들을 마주할 때마다 자신이 무시당하고 있다고 느낀다며 인사는 일하는 사람들만 하는 경우가 많다고 했다.

마찬가지다. 눈이 마주쳤는데 인사를 하지 않는다면, 이것은 상대방을 무시하는 처사로 해석되기 쉽다. 인사에 타이밍이란 없다. 내가 먼저 해야 한다는 생각으로 기다리지 말고 먼저 다가가 적극적으로 인사하는 것이 가장 바람직하다. 우물쭈물 망설이거나 어영부영하는 인사는 누가 봐도 좋지 않은 인상을 준다. 말끝을 흐리지 않고 자신감 있는 목소리로 인사해 보자.

당신만 몰랐던
센스 있게 사람 소개하는 법

후배와 카페에서 편하게 회의를 하고 있었다. 때마침 후배의 지인이 그곳을 방문해 후배와 반갑게 인사를 나눴다. 5분 정도의 안부 인사를 나누는 중, 나는 투명 인간에 가까웠다. 소개해 주지 않으니 먼저 인사를 할 수도, 서로 하는 이야기에 소리 내 웃을 수도 없는 상황이었다.

너무 반가운 마음에 나를 잊은 후배는 지인의 "누구셔?"라는 한마디에 정신을 차리고 그제야 소개를 해줬다. 그 5분은 참으로 길었다. 서로를 모르는 사람들과의 첫 만남은 어색할 수밖에 없다. 상대에 대한 아무런 정보가 없기 때문이다. 어떤 정보로 말을 시작해야 할지 모르는 상황에서 말의 물꼬를 터주는 것이 바로 '소개'다. 누군가를 소개하는 자리에서, 또는 길 가다 우연히 지인을 만났을 때 공통분모인 사람이 첫 만남의 상대들을 제대로 소개해 주지 않으면 멀뚱멀뚱 서 있는 그 찰나의 시간은 어색한 억겁의 시간이 된다. 서로에게 좋은 인상을 남길 수 있는 소개 매너를 꼭 갖추도록 하자.

사람을 소개할 때에도 순서가 있다. 남성을 여성에게, 후배를 선배에게, 연소자를 연장자에게, 지위가 낮은 사람을 높은 사람에게,

미혼자를 기혼자에게, 직원을 고객에게, 가족을 손님에게, 소개를 부탁한 사람을 상대방에게 먼저 소개하는 것이 매너이다.

또한 길을 가다 마주쳤다면 서로 마주 보고, 앉아 있는 상황에서 발생한 우연한 만남이라면 서서 소개하거나 받아야 한다. 보통의 소개 자리에서라면 이름과 관계 정도의 간단한 소개가 좋고, 직함을 알려야 하는 소개 자리라면 명함을 미리 준비해 가는 게 좋다.

소개하는 자리에서 지나친 유머는 상황을 더 어색하게 만들 수 있기에 조심해야 한다. 어느 정도 친해진 후에 웃음 코드를 알아간 뒤 농담을 주고 받아도 늦지 않다.

한국 사람은 '겸손은 미덕'이라는 말을 참 좋아한다. 그래서인지 사람을 만날 때 자신을 지나치게 낮추기도 하는데 굳이 그럴 필요는 없다. 반대로 지나치게 과장하는 것도 좋지 않다. 되도록 소개 시 말의 분량은 길지 않게, 간단명료하게 끝내도록 하자.

3장
건강한 관계 만들기

'실패는 성공의 어머니'라는 에디슨(Thomas Alva Edison)의 명언은 존스 홉킨스 대학교 허츠펠드(Herzfeld) 교수 연구팀에 의해서도 증명이 된 말이다. 연구팀은 실험을 통해 '우리 뇌는 현재의 실패를 과거의 실패와 대조해 정확하게 인식하는 과정에서 발달한다.'라고 했다. 인간의 뇌가 성공보다 실패를 통해 배우고 성장해 간다는 의미다. 또한 '기억은 천천히, 약간 모호하게 습득할 때 비로소 의미를 지닌다. 그래야 우리의 뇌가 실패 경험을 통해 효율적으로 학습할 수 있기 때문이다.'라는 결론도 내렸다. 에디슨은 이런 말도 했다.

"나는 한 번도 실패한 적이 없다. 다만 효과가 없는 일만 가지 방법을 찾았을 뿐이다."

그런데 우리는 막상 실패로부터 자유롭지 못하다. 이 부분은 교육의 영역으로 보고 스스로 지속적인 노력을 해야 한다고 본다.

걱정해서 걱정이 사라지면
걱정이 없겠지

기우(杞憂)라는 말을 들어 본 적이 있는가? 옛날 중국 기(杞)나라에 살던 한 사람이 '만일 하늘이 무너지면 어디로 피해야 좋을 것인가?' 하고 자는 것도, 먹는 것도 잊고 걱정하였다는 데서 유래한 말이다. 비슷한 말로는 '노파심', '별걱정'이 있는데, 한마디로 얘기하면 '쓸데없는 걱정을 한다.'라는 뜻이다. 매사추세츠 종합병원 정신과 의사 조지 월튼(George L. Walton) 박사가 자신의 상담 연구 결과를 바탕으로 한 통계 결과를 보면 우리가 하는 대부분의 걱정은 '기우'에 불과하다는 것을 알 수 있다.

- 걱정의 40%는 현실에서 절대 일어나지 않는다.
- 걱정의 30%는 이미 일어난 일, 지나간 일에 대한 걱정이다.
- 걱정의 22%는 아주 사소한 일에 대한 걱정들이다.
- 걱정의 4%는 우리 힘으로 어쩔 수 없는 걱정이다.
- 걱정의 4%만이 우리 힘으로 바꿔 놓을 수 있는 걱정이다.

결국, 우리가 평소에 하는 걱정들의 96%는 기우에 불과하다는 말이다.

이탈리아의 한 경영연구소의 조사에 따르면 최고 경영자나 핵심 인원 중 걱정 많은 사람(Worrier)의 비율이 평균 이상이면 십 년 안에 그 회사가 생존할 확률이 25%나 낮았다. 걱정이 많은 사람이 회사를 이끌면 성공할 확률이 낮다는 것이다. 회사를 개인으로 바꾸면 걱정이 많은 사람은 성공 확률이 낮다는 말이 된다. 이렇게 시간을 있는 대로 잡아먹고 성공도 못 하게 만드는 '걱정', 어떻게 하면 '덜' 할 수 있을까?

Simple is the best!
생각에도 단일 메뉴화가 필요하다

걱정이 많은 사람의 특징 중 하나는 '실패를 아주 두려워한다.'라는 것이다. 실패가 달갑고 반가운 사람이 있을까? 내 것이 되기 위해서는 겪어야 하는 과정이기에 쓸데없는 걱정으로 시간을 낭비하지 말자는 것이다. 일단, 시작부터 하자. 작심삼일 열 번이면 한 달이 훌쩍 가고 그동안 겪은 모든 것들은 나만의 노하우가 된다.

존 F. 케네디(John F. Kennedy)는 "행동에는 위험과 대가가 따른다. 그러나 아무 행동도 하지 않았을 때의 장기적 위험과 대가에 비하면 훨씬 적다."라고 말했다. 누구보다 실패를 많이 겪었던 에이브러햄 링컨(Abraham Lincoln) 역시 "시도하지 않으면 기회도 없다."라고 말했다. 빌 게이츠(Bill Gates)는 "하고 싶은 생각이 들면 지금 당장 시작하라. 도중에 어려움도 있겠지만 몸으로 부딪치면 반드시 해결될 것이다."라고 말했다. 그렇다. 두 손 놓고 걱정만 하고 있으면 한 발자국도 내딛지 못한다. 걱정은 접어두고 우선 나 자신을 믿고 한 발짝 내디뎌 보자.

걱정이 많은 사람의 또 다른 특징은 '생각이 많다.'라는 것이다. 그렇다면 단순하게 생각하자. 'Simple is the best!'라는 말이 있다. 단순한 게 최고라는 뜻이다. "위대한 진리는 단순하고 소박하다."라는 레프 톨스토이(Leo Tolstoy)의 말처럼 무엇인가를 넘치게 생각하고 고민하기보다는 줄이고 줄여 단순하게 만들면 걱정거리 역시 줄어든다. 복잡한 것들이 생각을 만들고 걱정을 키우는 것이다.

〈백종원의 골목식당〉은 폐업 위기에 놓인 식당을 찾아가 문제를 찾아내고 해결 방안을 제시하는 TV 프로그램이다. 백종원이 식당을 찾아가 다양한 솔루션을 제시하는데, 그 가운데 가장 자주 등장하는 것이 바로 '단일 메뉴'다. 솔루션을 기다리는 식당들을 찾아가 메뉴판을 살펴보면 대부분 다양하다 못해 넘치는 메뉴들이 메뉴판에 쓰여 있다. 이것을 하나의 메뉴로 줄이자 많은 메뉴 때문에 겪었던 걱정거리들이 단숨에 줄어 하나의 메뉴에 온전히 집중할 수 있게 되었다. 컬럼비아 대학교 쉬나 아이엔가(Sheena Iyengar) 교수의 '잼 판매 실험'을 보면 잼 진열 종류를 줄이자 판매량이 일곱 배나 뛰었다고 한다.

알렉산더(Alexander) 대왕의 이야기에서도 단순함의 힘을 알 수 있다. 농부의 아들이었던 고르디아스(Gordius)가 프리기아(Phrygia)의 왕이 된 기념으로 자신의 마차에 아주 복잡한 매듭을 묶어 두었다. 그리고 다음과 같은 예언을 남겼다고 한다.

"매듭을 푸는 사람이 아시아의 지배자가 될 것이다."

수백 년 동안 많은 사람이 매듭을 풀기 위해 애썼지만, 너무 복잡하게 묶여 있었던 매듭을 풀 수 있는 사람은 없었다. 이때, 알렉산더 대왕은 칼을 꺼내 들더니 단번에 매듭을 잘라 버렸다고 한다. 수백 년 동안 했던 걱정과 고민이 한 번에 해결되는 속 시원한 상황이다.

쾌도난마(快刀亂麻)도 어지럽게 얽힌 삼베를 한칼에 잘라버린다는 뜻으로 대상이 되는 문제를 명확하면서도 빠르게 해결하는 모습을 말한다.

단순하게 생각할수록 정답에 가까워지며 걱정하는 시간을 벌 수 있다. "아마추어는 쉬운 일을 복잡하게 만들고, 프로는 복잡한 일을 단순하게 만든다."라는 카를로스 곤(Carlos Ghosn) 회장의 말처럼 복잡하게 생각하는 아마추어가 되어 시간을 낭비하지 말자. 단순하게 생각할수록 마음은 편해지고 걱정은 사라지며 해결은 빨라진다. 요한 초케(Johann Zschokke)는 "사람들은 남에게 속는 일보다 자기감정에 속는 일이 더 많다."라고 했다. 자신의 걱정에 속아 시간을 버리는 일을 더는 만들지 말자. 그리고 단순한 생각 정리를 마치 삼시 세끼 먹듯 생활화해 보자.

갈등, 피할 수 없다면 인정하라

갈등 없는 관계 없고 갈등 없는 조직도 없다. 갈등이란 개인이나 집단이 가지고 있는 두 가지 이상의 목표나 정서가 충돌하는 현상이다. 결국 '선택과 다름'에서 출발하는 것이다. 매 순간 존재하는 선택의 기로에서 스스로에게 나타나는 내적 갈등과 개인과 개인, 개인과 사회, 개인과 환경 사이의 다름에서 표현되는 외적 갈등이 있다. 원인이 다르니 해결 방법도 달라진다.

   우리는 아침에 눈을 뜨면서부터 내적 갈등이 시작된다. 5분만 더 잘까? 이 옷을 입을까, 저 옷을 입을까? 짜장을 먹을까 짬뽕을 먹을까? 사표를 낼까 말까? 이런 선택의 기로에서 내가 한 선택들이 내 삶의 방향을 만들어 간다. 그 때문에 조금이라도 더 좋은 선택을 하기 위해 자기 스스로 노력하는 것이다.

그렇다면 이건 어떨까? 내가 맡은 업무만으로도 바빠 죽겠는데 자꾸만 자기 할 일까지 나에게 던지는 선배, 회삿일로 쌓인 피로 때문에 주말에는 쉬고 싶은데 등산 가자고 말하는 부장님, 다이어트를 하고 있는데 저녁마다 불러내는 동네 친구가 있다. 언뜻 보면 '개인과 개인' 사이의 '외적 갈등'으로 보일 수 있지만 분명한 나 자신과의 싸움이다. 여기서 '네'와 '아니요' 둘 중 하나를 선택해야만 한다.

아주 오래전 신박한 광고 하나가 사람들에게 인기를 끌었다.

"모두가 '예'라고 할 때 '아니요!'라고 말할 수 있는 친구, 그 친구가 좋다."

왜 그 친구가 좋을까? 나는 하지 못하는 '아니요'라는 말을 속 시원히 대신해 줬기 때문 아닐까? 그렇다면 왜, 나는 그 친구처럼 '아니요'라고 말하지 못하는 것일까? 인정하고 싶지 않겠지만 용기가 부족해서다. 다른 사람들의 시선, 내게 주어질 부당함이 두려워서, 또는 현실과 타협하면서 우리는 생각과는 다른 답을 말하게 된다. 어떤 결과가 기다리고 있을지 예상이 되지만 '어쩔 수 없었어.'라는 합리화로 자신을 위로한다.

합리화는 굉장히 무서운 것이다. 1961년 미국 예일 대학의 심리학과 교수 스탠리 밀그램(Stanley Milgram)은 평범한 사람들이 어떻게 권위에 복종하게 되는지에 관한 실험을 했다. 교사 역할을 맡은 일반인들에게 학생들이 단어 암기 과제에서 틀릴 때마다 정신을 차리고 열심히 공부할 수 있도록 한 번에 15볼트씩 전기 충격을 주도록 지시했다. 학생 역할은 배우가 맡아 전기 충격을 받는 것처럼 연기했는데, 놀랍게도 교사 역할을 맡은 일반인의 65%가 최고 450볼트까지 전압을 올린 것으로 나타났다. 설득력 있는 지시라 여긴 일반인들은 '자기 합리화'로 인해 지시보다 더한 고통을 학생들에게 주면서도 죄책감이 없었던 것이다.

'합리화'의 심리학적 정의는 '어떤 일을 한 뒤에 자책감이나 죄책감에서 벗어나기 위해 그것을 정당화함 또는 그런 방어 기제'를 뜻한다. 내 생각과 다른 대답을 하는 나는 언제나 '자기 합리화'를 하는 것이다. 거기서 끝나면 괜찮겠지만, 이런 '선택'의 결과들이 줄 스트레스는 온전히 내 몫이 되고 내 삶의 방향 역시 다른 곳을 향하게 만든다. '아니요'라는 말 한마디 하지 못해서 내 인생에 훨씬 중요한 것들을 놓치고 사는 것이다. 쉬운 일은 아니다. 나보다 높은 계급의 사람에게 내 의사를 분명히 밝히는 일, 생각만 해도 걱정부터 앞선다. 하지만 한 번이 어렵지 두 번째는 쉽다. '예스 맨'으로 낙인 찍히기 전에 시작해 보자.

선배가 나에게 넘긴 일이 더 중요한가? 혹은 내가 맡아 해결해야 하는 일이 더 중요한가? 부장님과의 주말 등산이 더 중요한가? 혹은 이틀뿐인 나만의 휴식 시간이 더 중요한가? 우선순위를 분명히 하면 선택이 쉬워진다. 선택했다면 과감히 말하자. "네가 선택해 줄래?"라고 말이다.

"선배, 지금 제가 하는 일이 세 가진데 선배 일을 도와드리면 두 개는 오늘 안에 못 끝낼 것 같아요. 뭘 빼야 할까요? 뭐라고 팀장님께 말씀드려야 할까요?"

상황 판단을 상대방에게 넘기는 것이다. 그 순간, 나의 '내적 갈등'은 상대방의 '내적 갈등'이 된다. 상대방이 부탁했으니 선택의 스트레스 역시 상대방이 받아야 하는 것은 당연한 이치 아니겠는가? 책임도 전가했으니 본인은 여유롭게 대답을 기다리기만 하면 된다.

① 일단, 한 템포 쉬고 거부하자

아무리 봐도 '이건 아니다.' 싶은 요청을 얼굴 보면서 하는 경우가 있다. 이럴 땐 잠시 말을 멈추고 셋을 세 보자. 하나, 둘, 셋. 3초의 침묵은 거절 의사를 밝히는 데 쿠션(Cushion) 역할을 한다. 대화 사이에 폭신함을 주듯 거절이 부드럽게 들릴 시간을 주는 것이다. 바로 하는 거절은 숨도 안 쉬고 생각조차 안 해본 후 내뱉는 말처럼 보여 상대방에게 무조건적인 거절로 오해하게 만든다. 하지만 3초의 시간을 두고 한 거절은 내가 상대방의 요청에 고민하고 대답했다는 방증이 된다. 심사숙고한 거절에 다시 요청할 사람은 많지 않다.

② 무조건 거부하고 이유를 들어 거부하자

"스케줄을 먼저 확인해 보겠습니다."
"일정이 있는지 먼저 확인해 봐도 되겠습니까?"

무조건 '예스(YES)'가 아닌 무조건 '노(NO)'를 먼저 외치는 것이다. 3초의 시간을 두는 것만큼 심사숙고한 느낌을 주고, 확인한 뒤 거절했을 때 역시 다시 한번 요청하는 사람은 거의 드물다.

업무상의 부탁을 예의 있게 거절하는 방법도 있다. "지금 하는 일을 오늘 안에 처리해야 합니다. 이 일이 끝난 뒤에는 도와드릴 수 있습니다. 끝내고 난 뒤 말씀드려도 되겠습니까?"와 같이 분명한 이유를 밝히고 도와주고 싶다는 의사까지 비치면 상대방은 선택의 여지가 없다. 일이 끝난 뒤 말할지 말지는 본인의 선택이다.

③ 세대의 다름을 인정하자

'머리부터 발끝까지…'라는 노래 가사가 있다. 당신은 이 노래를 어떻게 부를 것인가? SNS에서 유행한 질문이다. 이 질문에 정답은 없다. 그저 내 머릿속에 떠오르는 '그것'이 바로 정답이다.

머리부터 발끝까지… 사랑스러워
머리부터 발끝까지… 핫이슈
머리부터 발끝까지… 오로나민 C

1980년대생부터 1990년대 초반생은 '머리부터 발끝까지…'를 들으면 김종국의 '사랑스러워'를 이어서 따라 부르고, 1990년대 후반부터 2000년대 태어난 사람들은 포미닛의 'Hot Issue'를 흥얼거린다고 한다. 그리고 마지막 2000년대 중반부터 2010년대생들은 전현무의 오로나민 C 광고 노래를 연상한다고 하는데, 그렇다면 당신은 과연 어떤 노래를 떠올렸는가?

세대마다 차이가 존재한다. 틀린 것이 아니라 다른 것이다. 몰랐기 때문에 이해하기 어렵고, 이해가 되지 않으니 납득조차 안 된다. 경험이 다른 만큼 관점과 가치관이 달라지는 것은 아주 당연한 일이다. 거기에 시대는 빠르게 변하고 모두 적응하려 애쓰고 있다.

《90년생이 온다》라는 책의 소개 글을 보면 '새로운 세대, 90년대생과 함께 생존하기 위한 가이드!'라고 쓰여 있다. 생존이라는 말을 사용할 정도로 차이가 나는 생각과 문화들을 이해하기란 어렵다.

서로가 힘든 것이 당연하다.

  그런 꼰대를 이해하기 위해서는 책이 아닌 말이 필요하다. 상대방의 말이 모두 정답이 될 순 없다. 하지만 그 시절의 정답 속에 내가 찾고 있는 정답이 있을지도 모른다는 생각을 버려서는 안 된다.

  영국의 철학자 마이클 폴라니(Michael Polanyi)는 개인이 가지고 있는 지식을 '명시적 지식'과 '암묵적 지식'으로 나눴다. 폴라니가 말하는 '암묵적 지식'은 학습과 경험으로 얻게 된 드러나지 않은, 공유되기 어려운, 언어로 표현되지 않는 지식을 의미한다. 우리가 하는 흔한 말로 바꿔보자면 노하우(Knowhow)라 할 수 있다.

  과학기술자 해리 콜린스(Harry M. Collins)는 '노하우'의 중요성을 실험을 통해 증명했다. 캐나다 국방 연구 실험실은 TEA 레이저(Transversely Excited Atmospheric Pressure Laser)를 개발하고 실험 설계도를 다른 연구소에 공개했다. 한 연구소는 이 설계도 문서에만 의존해 레이저 복제를 시도했고, 또 다른 연구소는 설계도를 받은 것에 더해 실험실을 방문하거나 전화를 거듭해 노하우들을 습득했다. 그 결과, 노하우 습득은 복제 실험에 성공을 불러 왔지만, 문서에만 의존한 연구소는 결국 복제에 실패했다.

  '나이는 고스톱 쳐서 먹는 게 아니다.'라는 우스갯소리가 있다. 그저 가만히 앉아서 먹는 게 나이가 아니라는 것이다. 살아온 과정에서 겪은 일들이 알려준 기술과 비법들을 무시하기보다는 그 시대의 다름을 이해하려 노력해 보자. 꼰대의 노하우를 인정하는 순간, 경험 없이도 그 노하우들을 내 것으로 만들 수 있다.

④ 건강한 관계를 위해서는 어감의 다름을 인정하자

※ 다음 중 소리 내 읽었을 때 더 맛있어 보이는 음식은?

1. 자장면 / 짜장면

2. 김밥 / 김빱

3. 소주 / 쏘주

같은 음식이다. 강세가 있을 뿐이다. 고르라니 고르긴 했는데, 뭐가 다른 것일까? 표준어인지 아닌지가 중요한 게 아니다. 그저 'ㅈ'인지 'ㅉ'인지, 'ㅂ'인지 'ㅃ'인지, 'ㅅ'인지 'ㅆ'인지가 다를 뿐이다.

※ 다음 중 대답으로 들었을 때 더 기분 좋은 것은?

내가 준비했어, 많이 먹어!

1. 와, 정말? 너무 많은데?

2. 와, 정말? 진짜 많은데?

※ 다음 중 대답으로 들었을 때 더 기분 나쁜 것은?

나는 무슨 상이지? 요즘 고양이상이라는 말을 자주 듣는데.

1. 아니야, 너는 강아지상이야.
2. 아니야, 너는 개상이야.

같은 대답이다. 첫 문제는 부사가, 두 번째 문제는 단어 한 개만 다를 뿐이다. 고르라니 고르긴 했는데, 뭐가 다른 것일까? 의미는 같은데, 왜 대부분 2번을 선택하게 되는 것일까?

소통 강의를 위해 시간이 날 때마다 주위 사람들의 MBTI를 조사했다. 자료 조사의 의미도 있었고, 특별히 어떤 이의 MBTI가 궁금하기도 했다. 아니나 다를까 내가 알고 있는 인맥 중 이 사람만이 알파벳 I로 시작하고 있었다. 결과를 듣자마자 나는 그에게 말했다.

"역시, 특이한 성격이었어! 내 예상이 틀리지 않았고만!"

나의 말에 상처를 받은 그 사람은 이렇게 되뇌었다.

"'특이한'이라니요, 특이하다니요, 특이하다니?"

그의 반응에 나는 당황했다. 가까운 사람에게 늘 더 조심해야 하거늘, 너무 쉽게 말했다. 기분 나빴을 거란 생각이 들었다. 그래서 바로 시정 조치했다.

"아뇨! 특별한, 특별한 성격이라고요! 내 주위에서는 볼 수 없는 결과가 나와서 흥분했어요. 제가 잘못했어요!"

'특이한, 특별한' 이 역시 뭐가 다르단 말인가? 내가 하고 싶었던 말은 '남과 다르다.'라는 것이었다. 사전적인 의미만 보자면 '특별한'이라는 말은 단순한 '다르다.'라는 의미로 사용되고, '특이한'은 '보통과 다르다.'에 더해 '보통보다 훨씬 뛰어나다.'라는 의미로도 사용된다. '특이한'이 더 좋은 의미인 것이다. 그렇다면 왜 그 사람은 그 말에 상처를 받고, 나 또한 상처받은 것이 당연하다는 듯 재빠르게 사과했던 것일까?

정확한 의미가 중요한 것이 아니다. 듣는 사람은 어감으로 판단한다. 어떤 단어든 어떤 말이든 그것이 주는 느낌이 있다. 대부분의 사람은 부정적인 상황에 '특이하다'를 사용하고, 긍정적인 상황에 '특별하다'를 사용한다. 이유는 중요하지 않다. 대중이 그리 사용하고 있고 나 역시 그리 느끼고, 그 사람 역시 대중의 한 명이기 때문이다.

앞서 했던 질문들은 어떠한가? '짜장면'은 표준어가 아니었다. 하지만 대중들이 선택하고 오래 사용하면서 표준어로 인정됐을 만큼 익숙한 단어다. '김밥'을 "김빱"이라 읽는 사람이 몇이나 될까? 소주를 말할 때 "[쏘주] 한 병 주세요!"라고 말하지 않는 사람이 과연 있을까?

'너무 많다.'와 '정말 많다.'는 어떠한가? 그저 '많다'는 말을 강조했을 뿐인데, '너무 많다.'라는 답을 들으면 왠지 모르게 부정적으로 들린다. 이는 '너무'라는 말이 2015년 전까지만 해도 '부정적인 상황'에서만 쓰였기 때문이다. 지금은 긍정과 부정 모두 사용할 수 있게 됐지만, 오래전부터 사용해 오던 버릇들과 느낌들이 내 안에 고스란히 남아 있다는 증거다.

"말할 때는 항상 신중하라. 왜냐하면, 그런 몇 개의 단어가 당신에게는 큰 의미가 없겠지만, 그 누군가에게는 평생을 안고 가는 것이 될 수 있기 때문이다."라는 레이첼 월친(Rachel Wolchin)의 말처럼 상대방에게도 영향을 주는 말은 항상 조심해서 해야 한다.

말이라고 다 같은 말이 아니다. 같은 말이라도 참 밉게 하는 사람이 있다. 그 사람들의 언어 습관을 잘 살펴보자. 어떤 어휘를 사용하는지, 말씨는 어떤지, 평소 하는 생각들이 말에 반영되기 마련이다. 분명 부정적인 어휘나 말씨들이 가득할 것이다. 긍정적인 기대나 관심이 좋은 영향을 미치는 '피그말리온 효과(Pygmalion effect, 타인의 기대나 관심으로 인하여 능률이 오르거나 결과가 좋아지는 현상)'만 보더라도 결코 그냥 지나쳐서는 안 되는 것이다. 좋은 어감의 단어들은 좋은 관계를 불러온다. 심리학자 하워드 가드너(Howard Gardner)는 전화할 때 정중한 인사로 시작하도록 해보았다.

"오늘 기분 어떠세요?"

정중한 인사는 정중한 대답을 가져왔다. 가는 말이 고우니 오는 말도 고울 수밖에 없다. 나부터 긍정적인 어감의 단어들을 사용해 이야기해 보자.

핫핑크로 염색한 어린 종업원이 서빙을 오자 한 어르신은 이렇게 말했다.

"고등학생이지? 중학생인가? 머리 색이 그게 뭐야. 너무 튀지 않나?"

옆 테이블에 계시던 어르신은 같은 종업원이 다가오자 이렇게 말씀하셨다.

"벌써 봄이 왔는지 머리에 꽃이 피었네요."

SNS를 통해 본 이 글은 누가 봐도, 누가 들어도, 두 어르신의 평소 언어 습관이 보일 것이다. 자라 오면서도 어떤 언어들을 사용하고 어떤 어감의 말들을 해오셨을지 눈에 선하다. 한 마디의 친절한 말이 상대방의 하루를 바꿀 수도 있다. 나에게 그리고 듣는 이에게까지 영향을 주는 말의 힘을 알았다면 지금부터라도 긍정적인 어감의 어휘들로 바꿔보는 것이 어떨까?

건강한 관계를 위한
스마트한 자기 관리법

우울하고 싶고, 스트레스 받고 싶은 사람은 아마 없을 것이다. 화병! 대한민국에만 존재한다는 병. 억울한 일을 당했거나 한스러운 일을 겪으며 쌓인 화를 삭이지 못해 생긴 몸과 마음의 질병이라는 화병은 1977년 체계적으로 연구를 시작했을 정도로 우리 생활에 큰 영향을 주고 있는 병이다. 왜 이런 병들이 자꾸만 생겨나는 것일까? 나의 마음이 지옥인데, 웃음을 강요받고 친절을 요구하는 상황이 늘수록 마음의 병은 더욱 지독해질 수밖에 없을 것이다.

밝은 모습을 유지해야 한다는 강박에 슬픔, 분노와 같은 감정을 제대로 발산하지 못하고 심리적으로 불안한 상태를 '스마일 마스크 증후군(Smile mask syndrome)'이라고 한다. 일본 쇼인 여대의 나스메 마코토(Natsume Makoto) 교수가 처음 사용한 심리학적 용어로 서비스직에 종사하는 여성들의 경우 언제나 미소를 짓고 있는 것이 자신의 고용 상태를 지속하는 데 영향을 미친다고 생각하는 데서 생겨났다. '스마일 마스크'를 쓰고 속으로는 슬픔과 분노를 감추고 있다는 것이다. 이 증후군은 식욕 감퇴, 성욕 저하, 불면증, 무력감, 잦은 회의감 등 나쁜 증상들을 죄다 동반하고 있다. 이 증후군을 계속 방치하면 자신이 어떤 감정을 느끼는지도 모르는 상태가 될 수 있다. 과연 서비스직에 종사하는 분들만이 이 증후군을 겪고 있을까?

위스콘신 의과대학의 정신 건강 의학과 렌 스페리(Len Sperry) 의사가 만든 '스트레스 자기 평가' 항목(177쪽)이다. 천천히 읽어 보면서 내가 겪고 있는 스트레스의 원인이라고 생각하는 항목에 체크해 보자.

어느 영역에 몇 개씩 체크를 했는지 확인해 보자. 한 영역에서 3개 이상 체크했다면 그 영역에서 건강을 위협할 정도로 스트레스를 받고 있다는 것이다. 그런 영역이 많다면 이미 건강에 적신호가 드리워져 있을지도 모른다.

스트레스 자기 평가

일상생활	☐ 재정 상태의 커다란 변화 ☐ 생활 환경의 커다란 변화 ☐ 친한 친구의 사망 ☐ 저당권 상실 ☐ 사소한 범법 행위나 법적 구금 ☐ 부상과 질병 ☐ 임신이나 입양 ☐ 거주지 이전 ☐ 거액의 채권/채무 ☐ 배우자나 친척의 사망
화학적 · 환경적 요인	☐ 너무 춥거나 더운 날씨 ☐ 흐리고 습기 찬 날씨 ☐ 시끄럽고 산만한 소음 ☐ 불안한 생활, 작업 환경 ☐ 붐비거나 밀폐된 공간 ☐ 니코틴 및 카페인 중독 ☐ 설탕과 소금 및 지방이 많은 음식 ☐ 스모그 현상과 공해 ☐ 오염 물질, 유독 가스, 먼지 ☐ 음식이나 식수 오염
생활 양식 · 감정적 요인	☐ 비관적인 전망 ☐ 수면 장애 및 불면증 ☐ 긴급한 일 처리와 여가 시간 부족 ☐ (습관적인) 근육의 긴장 ☐ 숨 막히는 긴장감과 여유 없는 태도 ☐ 주기적인 불안과 우울증 ☐ 불규칙한 식사 습관 ☐ 부단한 자책과 강박증 ☐ 특정 대상에 대한 공포와 혐오
대인관계	☐ 의견 충돌 ☐ 상호 존경과 공감의 결여 ☐ 결정과 문제 해결의 어려움 ☐ 아이들 문제 ☐ 성적 무능력 ☐ 친척 문제 ☐ 가족의 건강 문제 ☐ 육체적 · 감정적 학대 ☐ 불성실
직업	☐ 실직, 휴직에 대한 두려움 ☐ 상사나 감독자와의 갈등 ☐ 동료들의 비협조적인 태도 ☐ 교대 근무, 특히 윤번제 근무 ☐ 지루하고 판에 박힌 업무 ☐ 과중한 업무, 마감 시한 ☐ 업무 자율성 및 통제권 부재 ☐ 자리 이동이나 잦은 출장 ☐ 업무 목표와 책임 소재의 혼동 ☐ 모순된 요구와 책임

① 착한 아이 증후군 탈피, 똑똑하게 화내는 법

어렸을 적 착한 아이 증후군(Good boy syndrome)에 시달린 아이들은 어른이 되어서도 자신의 감정을 솔직하게 표현하지 못한다. 착한 사람이라는 칭찬을 듣기 위해 자신이 바라는 것을 감추고 지나치게 노력하면서 커 온 탓에 커서도 좋은 사람이 돼야 한다는 강박에 사로잡혀 사는 것이다. '화를 잘 안 내는 사람 = 좋은 사람'이라는 생각을 버려야 한다. 굳이 좋은 사람이 될 필요도 없지만 '좋은 사람'의 정의를 제대로 내릴 필요가 있다.

아델피 대학교의 로렌스 조셉스(Lawrence Josephs) 교수는 솔직한 행동이 관계에 어떤 결과를 가져오는지에 대해 연구했다. 대상자들에게 두 가지 지문을 주었는데, 〈지문 1〉은 솔직한 사람에 대해서, 〈지문 2〉는 호감을 애매하게만 표현하는 사람으로 묘사했다. 그런 다음 그 사람이 이성으로서 얼마나 매력이 있는지를 물어봤는데, 솔직한 사람에 대해 묘사한 〈지문 1〉이 21%나 매력적이라고 답했다. 조금은 불편할 수도 있는 주제에 대해 진솔하게 이야기하는 사람에게 더 매력을 느꼈다는 얘기이다.

조셉스 교수는 "마음을 솔직하게 드러내는 것은 상대에게 거절당할 위험을 무릅쓰는 행동이기 때문에 그만한 용기와 자신감을 갖추고 있다는 뜻이다. 솔직한 행동 자체가 건강한 마음을 가졌다는 증거다."라고 말하면서 "실제로 이번 연구에서 솔직함은 안정된 성격이나 높은 공감 능력과도 상관관계가 있는 것으로 나타났다. 이런 이유로 사람들은 무의식중에 솔직한 사람에게 더 큰 호감을 느끼는 것으로 보인다."라고 덧붙였다. 호감 가는 좋은 사람이란 화를 안 내는 사람도, 좋은 말만 하는 사람도 아닌, 자신의 감정을 솔직하게 말하는 사람이라는 것이다.

'화'는 단골 카페의 적립 포인트가 아니다. 적립할 필요가 전혀 없다. 화는 그때그때 풀어줘야 적립되지 않는다. 쌓인 화는 더 큰 화를 불러오고 건강에도, 관계에도 적신호를 불러온다. 그렇다고 타인에게 화풀이를 하거나 시도 때도 없이 화를 내라는 게 아니다. 진짜 화를 내려거든 한 번의 화를 확실하게 내라는 것이다.

어쭙잖게 화를 내는 사람일수록 인간관계는 더 복잡해진다. 앞서 말한 솔직함과의 상관관계처럼 그 사람의 마음을 정확히 알 수가 없기 때문이다. 화를 낼 때는 상대가 느꼈을 때도 '아, 저 사람 진짜 화가 났구나!'라고 생각할 정도로 정확한 화를 내줘야 한다. 단, 여기에서 중요한 것은 시간이다. 화가 길어질수록 이것은 상대방에게 잔소리나 푸념으로 받아들여질 수도 있다.

《제대로 화내면 인생이 편해진다》의 저자 요시다 다카요시(Yoshida Takayoshi)는 최대 3분 동안만 화를 내라고 말한다. 끝도 없는 화는 오히려 상대에게 스트레스를 안겨주게 되고 상대의 화가 쌓이는 결과를 가져온다. 관계를 돈독하게 만들기 위해 한 행동이 도리

어 관계를 악화시킬 수 있는 것이다. 자신의 의사를 제대로 전달할 만큼의 최소한의 시간으로 화를 내는 것이 좋다. '있는 그대로 화를 내면 상대와 멀어지지 않을까?'라고 생각할 수도 있지만, 아니다.

'사회 재적응 평가 척도'라는 것이 있다. 미국 워싱턴 대학교의 토머스 홈스(Thomas Holmes)와 리처드 라헤(Richard Rahe) 박사가 1967년에 고안한 스트레스 진단표로 인생의 다양한 사건, 사고로 발생하는 스트레스 상태를 수치화한 것이다. 이 표에 따르면 '1위 이혼', '2위 사별', '3위 별거'로 스트레스를 받는 상위권 모두 인간관계가 없어진 상태로 나타났다. 진심으로 자신의 감정을 드러내는 것은 상대방이 그만큼 소중하다는 증거다. 소중한 사람에게 진심으로 화를 낼 때는 나름의 이유가 있을 것이다. 소중한 관계일수록 화가 났다는 것을 확실하게 전달해야 한다. 화라는 것이 꼭 필요한 커뮤니케이션 방법 중 하나라는 것을 잊어서는 안 된다.

② 정신 건강을 위해 잘 우는 법

화가 나면 눈에 뵈는 게 없다는 말은 사실이다. 바버라 프레드릭슨(Barbara Fredrickson) 교수의 연구 결과 부정적인 감정일 때는 실제로 시야가 좁아진다고 한다. 그런데 눈물을 흘리게 되면 눈물 속에 있는 라이소자임(Lysozyme, 항균성 효소의 하나)이라는 성분이 눈에 있던 세균들을 죽이면서 방어막을 형성해 눈이 더욱 튼튼해지고 수분도 보충돼 시야가 깨끗해진다고 한다. 시야를 넓고 깨끗하게 만들기 위해서라도 우리는 울어야 한다. 그런데 우리는 우는 것, 눈물을 보이는 것에 그리 관대하지 않은 편이다.

'울면 안 돼, 울면 안 돼! 산타 할아버지는 우는 아이에겐 선물을 안 주신대요.'라는 아주 부적절한 가사가 있다. 남자는 태어나서 세 번만 운다는 터무니없는 말도 있다. 다 큰 어른이 울면 '볼썽사납다, 나약하다.'라는 말로 나오던 눈물을 쏙 들어가게 만든다. 눈물은 삼키는 것이 아니라 흘리는 것이다. "눈물은 목소리가 없는 슬픔의 언어다."라는 볼테르(Voltaire)의 말처럼 눈물도 화와 같은 꼭 필요한 커뮤니케이션 방법 중 한 가지다.

우리가 울어야 하는 이유는 많다.

첫째, 스트레스가 줄고 면역력이 높아진다.

소리 내 펑펑 울어 본 기억이 있다면 모두가 공감할 말이다. 있는 힘껏 울었을 때의 속 시원함은 이루 말할 수 없다. 과학적으로도 증명이 된 사실이다. 울고 난 뒤에는 엔도르핀(Endorphin)이 방출돼 마음을 침울하게 하는 망간이 감소한다. 웃을 때만 엔도르핀이 나오는 것이 아니다. 웃기 힘들다면 큰 소리로 울어 보자.

둘째, 슬픔과 분노를 감소시켜 준다.

"울음으로써 우리는 분노를 해소하고, 눈물은 흐르는 시냇물처럼 우리 가슴을 씻어 낸다."라는 오비디우스(Ovidius)의 말처럼 힘껏 울면 슬픔과 분노를 조절하기가 쉬워진다. 울고 난 뒤에 우리의 몸에서 표출되는 슬픔과 분노의 감정이 40% 정도 감소한다고 하니 분노를 삭이기 위해서 눈물을 선택하는 것도 좋은 방법이다.

셋째, 대인관계에 도움을 준다.

친구, 지인, 가족들 앞에서 흘리는 눈물은 상대방과의 관계를 더욱 돈독하게 만든다. 리사 파이어스톤(Lisa Firestone, 글렌덴협회 교육연구 박사)은 "친분을 유지하고 가까워지길 원하는 사람에게는 어느 정도 약한 모습을 보여야 한다."라고 주장했다. 약점이나 우스꽝스러운 모습을 보여주었을 때 친밀감이 더 상승하는 것이다. "같이 우는 것의 즐거움만큼 사람들의 마음을 결합시키는 것은 없다."라는 장자크 루소(Jean Jacques Rousseau)의 말처럼 눈물을 보이는 상대에게 마음으로 울어주는 '리액션'을 해 보자. 너도 울고 나도 우니 두 배의 효과가 날 수 있지 않을까?

울면서 '훌쩍'이는 것은 자연스러운 현상이다. 눈물을 흘릴 때 콧물이 함께 나오면서 눈물이 멈춘 뒤 비강이 뚫려 비염 환자도 제대로 숨을 쉴 수 있게 된다. 수술로도 완치가 어려운 비염 환자가 말이다.

③ 젊어서 안 자면 늙어서 고생, 잘 자는 법

"젊어서 고생은 사서도 한다."라는 말은 들어봤어도 "젊어서 안 자면 나이가 들어서 고생한다."라는 말은 처음 들어봤을 것이다. 미국 베일러 대학교와 에모리 의과대학교의 공동 연구 결과 이 말은 사실로 밝혀졌다. 젊은 시절 잠을 못 잤던 사람들은 그렇지 않은 이들보다 수십 년 뒤에 기억력이 현저하게 떨어진다는 것이다. 지금이라도 늦지 않았다. 수면 방해 요소들을 살펴보면 자신의 의지로 바꿀 수 있는 것들이 대부분이다. 침대에 누워 있는 시간이 아닌 깊이 잠들어 있는 시간을 늘려야 지금부터라도 고생을 덜 할 수 있다.

잠은 보약이다. 너무나 잘 알고 있다. 하지만 인구의 3분의 1 정도가 불면증에 시달릴 정도로 잠을 못 자는 사람들이 많다. 국제학술지 《정신의학연구》에 실린 논문에 따르면 국내 20세 이상 성인 중 불면증에 시달리는 사람이 2005년 3.1%에서 2013년 7.2%로 9년 사이 두 배 이상 늘었다고 한다.

잠을 못 자면 뇌는 일을 하지 않는다. 《네이처》에 위스콘신 대학교 줄리오 토노니(Giulio Tononi) 교수팀의 연구에 따른 수면 부족에 관한 글이 실렸다. 다. 강제로 하룻밤을 새우게 한 쥐들의 뇌 활동을 관찰한 결과, 수면 부족 상태에서는 모자라는 수면 시간을 보충하기 위해 신경 세포들이 교대로 일을 했다. 뇌의 각 부위가 번갈아 가면서 잠을 자는 '국소 수면'이 나타나는 것이다. 국소 수면 상태에서는 학습 능력이 저하되고 업무 효율성은 당연히 떨어질 수밖에 없다. 일을 잘하고 싶은 사람이 밤새우며 일을 하는 것은 바보짓이라는 것을 연구 결과를 통해서도 알 수 있다.

수면 부족은 비만의 원인이 되기도 한다. 정말이다. 콜로라도 대학교 케네스 라이트(Kenneth Wright) 교수 연구팀은 평소 7~8시간 자는 건강한 사람을 모집해 보다 짧은 5시간의 수면을 연속 5일간 반복하게 한 결과 단 5일 만에 실험 참가자들의 몸무게가 0.8kg 늘어났다는 것을 밝혀냈다. 그 이유는 수면이 부족하면 '먹는 양을 조절하자.'라는 이성적인 판단력과 자제력 자체가 부족해지기 때문이다. 어찌 먹는 것에만 한정되겠는가. 불안, 분노, 짜증과 화 역시 수면 부족으로 인해 생겨난다는 연구 결과는 쉽게 찾아볼 수 있다. 수면이 우리 몸에 끼치는 영향에 대한 다양한 연구가 이뤄지고 있다. 그 연구 결과는 하나같이 같은 말을 한다.

'잠이 보약이다.'

이처럼 일에도 건강에도 악영향을 주는 수면 부족을 알면서도 잠을 못 자는 이유는 무엇일까? 국민건강보험공단 자료를 분석한 결과 '잠을 못 자는 이유는 인간관계나 스트레스, 운동 부족, 카페인 섭취 증가 때문인 것'으로 추정한다. 잠을 자야 할 이유가 더욱 분명해진다.

혹시 시에스타(Siesta)라는 말을 들어 본 적이 있는가? 지중해 연안과 라틴아메리카와 같은 더운 지역 나라들의 낮잠 시간을 말한다. 날씨가 매우 덥고 태양이 뜨거워 한낮에 야외에서 노동이나 활동을 하는 게 거의 불가능하기 때문에 낮잠을 자는 전통이 생긴 것이다.

2007년 프랑스 정부에서는 낮잠을 적극 권장하고 나섰다. 과하지 않은 낮잠은 업무와 학습의 효율을 높이고 건강을 증진시킨다는 판단 때문이다. 특히 프랑스 고속도로에서 발생하는 교통사고의 20~30%가 졸음운전 때문이라는 통계가 있기에 정부에서 오히려 낮잠을 권장하게 됐다. 우리나라의 '졸음 쉼터'도 괜히 만들어진 것이 아니다. '낮에 조금 잤다고 해서 뭐가 얼마나 좋아지겠어?'라고 생각한다면 오산이다.

낮잠의 좋은 점은 한둘이 아니다.

첫째, 집중력 강화에 도움을 준다.

미 항공우주국(NASA)과 연방 항공청(FAA)이 우주 비행사들을 대상으로 낮잠과 집중력, 생체 리듬에 관해 장기간 연구에 들어갔다. 그 결과 26분의 낮잠이 업무 수행 능력을 34%, 집중력을 54%나 증가시킨다는 놀라운 결과를 발표했다. 또 다른 연구 결과도 있다. 성인 40명을 대상으로 한 그룹은 오후에 20분의 낮잠을 자게 하고, 한 그룹은 낮잠 대신 영상을 보게 한 결과, 낮잠을 잔 그룹은 다른 그룹보다 충동적인 행동이 줄었고 주어진 업무에 더 집중해서 효율적으로 일을 마쳤다.

둘째, 기억력 향상에 도움을 준다.

적당한 낮잠은 기억력을 다섯 배 정도 끌어 올려준다. 독일 자를란트 대학의 알레스 메클링거(Axel Mecklinger) 교수는 대학생 41명을 대상으로 단어 테스트를 한 결과 연관된 단어를 기억하는 연관 기억이 크게 향상된 것을 확인했다.

셋째, 창의력 향상에 도움을 준다.

수면의 과학적 효과를 연구하는 제임스 마스(James Maas)와 레베카 로빈스(Rebbeca Robbins)는 "우리의 뇌는 휴식을 좋아한다. 낮잠은 인지 능력을 극대화하고 우리의 뇌가 사용하지 않아 방치된 부분을 활성화하여 창의성을 높이는 데 도움이 된다."라고 말했다. 한 연구에 따르면 낮잠을 자고 일어났을 때 창의력과 관련된 우뇌가 활발하게 활동하는 것으로 나타났다.

넷째, 고혈압 치료에 도움을 준다.

응용 생리학회가 발표한 자료에 따르면 낮잠 습관은 혈관계의 부담을 37%나 덜어준다. 낮잠이 혈관계 부담을 줄여 심장 발작 사망률을 낮춰준다는 내용이 담겨 있다.

다섯째, 안정감 유도에 도움을 준다.

버클리 대학의 연구 결과 낮잠은 신경 안정 효능이 있는 것으로 나타났다. 낮 동안 두려움이나 분노 같은 감정을 느꼈던 사람들은 저녁에 더 심한 증세를 보였는데, 낮잠을 청한 사람은 평온하고 안정된 모습을 보였다고 한다. 또 다른 연구 결과로는 미국 앨러게니 대학교 라이언 브린들(Ryan C. Brindle) 박사의 실험 결과다. 하루에 45~60분 정도의 낮잠을 자면 피의 흐름이 원활해져 혈압이 낮아지고 일하면서 쌓인 정신적 스트레스가 해소되는 것으로 나타났다.

이렇듯 낮잠은 푹 잠들지 못한 나에게 보약과도 같다. 일반적으로 권장하는 성인의 낮잠 시간은 25분 내외다. 식사 후 업무 효율이 가장 떨어지는 오후 1~3시 정도에 너무 길지 않게 쪽잠을 자는 것이 가장 이상적이라고 한다. 하지만 자신이 처한 상황이 이상적이지 못한 경우가 많을 것이다. 꼭 오후 1~3시 사이가 아니더라도 쪽잠이나마 잘 수 있는 여건을 만들도록 노력해 보자.

결국엔 나의 마음과 정신이 건강해야, 그것이 철저하게 선행되어야만 건강하고 매력적인 관계도 만들 수 있다. 나를 먼저 챙기는 습관부터 0순위로 정해 보자.

4장
매력으로 셀프 브랜딩하기

"당신 마음에 들지 않는 것이 있다면 그것을 바꾸어라. 그것을 바꿀 수 없다면 당신 마음을 바꾸어라. 불평하지 마라."

시인이자 영화배우였던 마야 안젤루(Maya Angelou)의 말이다. 현재 자신의 모습과 처한 환경에 불평할 시간이 있다면 내가 변화하고 성장할 수 있는 방법을 찾아보라는 것이다. 그렇게 온전히 나에게 집중하고 생산적 고민을 하는 시간은 오늘보다 내일 더 매력적인 삶을 살 수 있게 하는 밑거름이 될 것이다.

자질보다 실천과 습관을 강조할 때 '구슬이 서 말이라도 꿰어야 보배다.'라는 속담을 인용한다. 그렇다. 매력이 서 말이라도 꿰어야 보배가 된다. 이제 매력이 당신 자신의 브랜드가 되어야 한다.

그래서 당신의 브랜드 가치는 얼마입니까?

여름이니까… 아이스 커피! 여름엔… ○○ 아이스!

여름만 되면 흔히 듣게 되는 커피 광고 노래다. 그리고 '세상에서 가장 작은 카페'라는 카피를 보는 순간 혹은 TOP라는 단어만 봐도 특정 커피 브랜드와 광고 모델이 자동으로 연상된다. '이 커피 = 이 모델' 이게 바로, '나를 브랜드화'한 대표적인 예다.

《당신 자신을 브랜드화하라》의 저자 데이비드 앤드루시아(David Andrusia)가 강조하는 말이 있다.

"자기 자신의 분야에서 최고가 되려면 열심히 일하는 것도 중요하지만 그 이상의 무엇이 필요하다. 그것은 바로 자신을 브랜드화하는 전략이다."

온라인 취업 사이트 '사람인'에서 직장인들을 상대로 '자신의 브랜드 가치가 얼마라고 생각하느냐?'라는 질문의 설문 조사를 진행했다. 그 결과 '2,000~3,000만 원'이라고 답한 경우가 30.8%로 가장 높았다. 그렇다면 이 가치를 높일 수 있는 방법은 과연 무엇일까? 평생직장의 개념이 사라지고 이직과 프리랜서가 보편화되면서 개인 가치의 개념은 더욱 높아지고 개인 간의 경쟁은 더욱 치열해지고 있다. 능력도 경력도 비슷한 경쟁자들이 차고 넘치는 이 나라에서는 평생 흔들리지 않을 자신만의 개인 브랜드를 만드는 것이야말로 내 몸값을 올릴 수 있는 가장 좋은 전략이다.

나를 브랜드화 하라

개인이 가지고 있는 개성, 능력, 가치를 소비자에게 상징화, 상품화하는 것으로 그 사람 안에 있는 인간성, 성격까지 반영된다면 지속적인 브랜드 파워를 만들어 낼 수 있다. 앞서 언급했던 '이 커피 = 이 연예인'과 같은 원리다. 그래서 나를 브랜드화하는 첫걸음은 나를 정확히 파악하는 것에서부터 시작된다. 제대로 알아야 제대로 인식될 수 있다. 퍼스널 브랜딩 신드롬 저자 피터 몬토야Peter Montoya는 개인 브랜드를 만드는 전략을 8단계로 제시했다. 많기도 하다. 하나씩 꼭꼭 씹어 읽어 보자.

- 1단계: 목표 설정
- 2단계: 경쟁자에 대한 조사
- 3단계: 자신에 대한 평가
- 4단계: 활동 범위 파악

- 5단계: 퍼스널 브랜딩 문구 만들기
- 6단계: 메시지 만들기
- 7단계: 메시지 알리기
- 8단계: 브랜드에 충실하기

1단계: 목표 설정

브랜드를 통해 이루고 싶은 목표가 명확해야 뚜렷한 목표 의식과 브랜드가 만들어질 수 있다. 효과적인 목표는 세 가지 특징이 있다.

- 구체적이다
- 현실 가능하다
- 정해진 기한이 있다

이 중 현실 가능성을 만드는 것은 자신의 의지와 계획에 달려 있다. 목표는 계획이 구체적일수록 성공 가능성이 높아진다. 장기 목표일수록 계획은 치밀해야 한다. 자신의 목표를 최대한 구체적으로, 실현 가능한 선에서, 정해진 기한을 만들어 세워 보자.

2단계: 경쟁자에 대한 조사

어떤 사람들과 내가 경쟁하고 있는지를 파악해야 한다. '적을 알고 나를 알아야 백전백승'이란 말이 그냥 나온 말이 아니다. 상대를 정확히 파악해야 그들에게는 없는 나의 장점을 더 쉽게 찾아낼 수 있다.

3단계: 자신에 대한 평가

상대를 파악했으니 나를 알아볼 차례다. '너 자신을 알라.'라고 한 소크라테스(Socrates)는 일찌감치 알고 있었다. 나를 아는 것이 성공의 지름길이란 것을 말이다. '나는 누구인가?'를 스스로 질문해 보자. 나의 관심사가 무엇인지부터 시작하는 것이 가장 좋다.

- 나의 관심사는 무엇인가?
- 내가 잘하는 것은 무엇인가? (타고난 능력)
- 내가 못하는 것은 무엇인가? (타고난 능력)
- 내가 잘하는 것은 무엇인가? (습득한 기술)
- 내가 못하는 것은 무엇인가? (습득한 기술)

나의 능력과 기술로 주변 사람들에게 긍정적인 영향을 준 것은 무엇인가? 나에 대해서 '잘 모르겠다'는 사람이 생각보다 많다. 그렇다면 다양한 분석 방법을 사용해 보는 것도 좋은 방법이다. SWOT(Strength 강점, Weakness 약점, Opportunities 기회, Threats 위협) 분석을 통해 자기를 객관화하는 시간을 갖는 것도 아주 좋다.

4단계: 활동 범위 파악

긍정적인 영향을 준 사람들의 범위가 어떻게 되는가? 어디까지를 내 브랜드 목표 시장으로 삼을 것인가? 확실한 활동 범위를 파악해서 그 범위 안의 사람들과 공감할 수 있는 개인 브랜드를 만들어야 한다.

5단계: 퍼스널 브랜딩 문구 만들기 / 6단계: 메시지 만들기

브랜드 문구는 자신의 능력과 특징 등 전달하고 싶은 메시지의 내용을 담아내야 한다. 나의 정체성을 보여줄 수 있는 '이름'을 만드는 것과 같다. 좋은 이름을 만들기 위해서도 여러 질문이 필요하다.

- 기억하기 쉬운가?
- 주제가 한눈에 이해되는가?
- 검색했을 때 중복되지 않는가?
- 이슈화될 만한 단어는 없는가?
- 어감이 긍정적인가?

발라드의 왕자로 불리는 성시경은 '성발라'라는 수식어가 따라

다닌다. 요즘은 요리에 푹 빠져 '성식영'이란 수식어까지 붙었다. 개인 SNS 이름으로 사용하면서 많은 사람이 알게 되었다. 이렇듯 보자마자 딱! "아!" 하게 되는 단어, 또는 문장으로 '나'를 표현하기란 쉽지 않다. 오랜 시간 고민해 보고 확실한 내 색깔을 찾아보자.

7단계: 메시지 알리기

다양한 국적의 출연진들이 대담하는 TV 프로그램 〈비정상 회담〉에서 있었던 일이다. 중국 대표가 '싼야에서 꼭 봐야 하는 것'으로 '남산해상관음상'을 얘기하면서 높이가 108m로 자유의 여신상보다 더 높다고 미국 대표를 보며 자랑했다. "일부러 자유의 여신상보다 훨씬 높게 만들었다."라는 중국 대표의 말에 미국 대표는 웃으며 "그랬겠죠. 열심히 만들었는데 우린 아예 모르고 있어요."라고 받아쳐 웃음을 자아냈다. 나만의 브랜드 문구를 만들었는데 아는 사람이 아무도 없다? 이런 일이 생겨서는 안 된다. 제대로 만들었다면 확실히 알려야 한다.

자주 노출된 자극에 대해 긍정적인 태도를 갖게 되는 현상을 '에펠탑 효과', 또는 '단순 노출 효과'라고 한다. 자주 보면 정든다는 말은 일리가 있는 셈이다. 최대한 자주 노출 시키자. 많은 사람이 알게 하고 자주 보게 하면서 정들게 만들어야 한다.

8단계: 브랜드에 충실하기

확실히 알렸다면 꾸준히 관리해야 한다. 우리나라의 곳곳에는 드라마, 영화 촬영지들이 참 많다. 드라마와 영화 덕에 반짝 관광지로 수익을 얻은 곳들이 많지만, 관리가 소홀해져 그 인기가 사그라들고 결국 안 하느니만 못한 결과를 낳은 곳들도 많다. 만들지 말았어야 할 결과물이 되지 않게 꾸준히 관리하고 유지하도록 노력하자.

많은 이에게 공감을 불러일으키며 감동까지 선사해 준 개인 브랜드 사례가 있다. 유튜브 채널 개설 1년 만에 324만 구독자를 가진 〈Dad, How do I?(아빠, 어떻게 해요?)〉 채널 이야기다. 영상의 주제들을 살펴보면 면도하는 법, 자동차 정비법, 넥타이 매는 법 등 그다지 특별할 것이 없다고 느껴지는 주제들뿐이다. 게다가 전문가들이 판을 치는 유튜브에서 '평범한 아빠'가 알려주는 이런 주제들이 324만 구독자를 끌 수 있었던 이유는 무엇일까?

채널 주인 롭 케니(Rop Kenney)는 어린 시절 아버지가 돌아가셨다. 아버지의 빈자리가 주는 어려움을 겪으며 성장한 그는 어린시절 누군가가 기본적인 생존과 생활에 필요한 기술을 알려주기를 진심으로 원했다고 한다. 이런 진심이 채널을 만들게 했고, 이것을 필요로 하는 채널 구독자들에게 정말 '유익'한 채널이 된 것이다.

누가 봐도 평범한 '가사'라는 키워드를 자신의 핵심 가치로 만들어 낸 마사 스튜어트(Martha Stewart, 본명: Martha Helen Kostyra)의 사례도 있다. 개인 브랜드 콘셉트 방향을 '살림 전문가'로 설정해 대표적인 인플루언서가 되었고, 이후 자신의 차별화된 살림 노하우가 담긴 베스트셀러 책과 잡지를 출판하며 '살림의 여왕'이라는 이미지를 대중에게 확실하게 알렸다. 현재는 억만장자의 대열에 오른 여성 기업인이자 미국 가정주부들에게는 살림과 가정의 소중함을 널리 일깨워준 '가정 살림의 최고 권위자'로 통하는 인물이다.

이렇게 특별할 것 없는 것이 '나만의 브랜드'가 되기도 한다. 무엇인가를 찾아내려 애쓰기보다는 자신에게 진솔한 질문을 던져 보자. 거기서 찾아낸 핵심 키워드를 나만의 핵심 가치로 만든다면 개인 브랜드 콘셉트의 방향을 잡을 수 있을 것이다.

하고 싶은 건 많은데 시간이 없다는 핑계

뉴욕의 정신분석가 프로이덴버거(Herbert Freudenberger)가 이름 지은 번아웃 증후군(Burnout Syndrome)의 경고 증상들이다. '다 불타 없어진다.'라는 이 증후군은 일이 아닌 사람을 태워 버린다. "하얗게 불태웠어."라는 말로 고된 업무를 위로하는 요즘 회사원들의 야근 일수를 살펴보면 주 5일 근무하는 근로자의 경우 일주일에 평균 2.3일 야근하는 것으로 나타났고, 3일 이상이라고 응답한 사람도 43%나 있었다(2019년 고용노동부 통계). 거기다 집에서 회사까지 출퇴근 시간은 경제협력개발기구 회원국 가운데 가장 오래 걸린다.

한국인의 노동 시간은 세계에서 가장 길기로 유명하다. 출퇴근하는 회사원, 육아를 하는 부모, 공부하는 학생들까지 다양한 일들에 치여 자기를 돌보지 않는다. 이것이 다 '시간'이 없기 때문이다. 정말 그러할까?

일주일 내리 지각을 해대는 김 대리는 오늘도 지각을 놓치지 않았다. 학생 때부터 지각 대장이었다면서 웃으며 너스레를 떠는 김 대리는 동기들 중 진급이 가장 늦다. 그 이유를 자신만 모르는 듯하다. 지각이 버릇이 돼 버린 사람, 진급 역시 지각생이 될 수밖에 없다.

"인간의 타고난 본성은 비슷하지만, 습관에 의해서 운명이 달라진다."라고 공자가 말했다. 잠들기 전 골라놓은 출근복은 아침 시간 10분을 절약하게 만들고, 이렇게 절약된 10분은 1년이 지나 60시간 50분이 된다. 습관은 복리처럼 쌓인다. 하나씩 좋은 습관들을 쌓다 보면 커다란 변화가 일어나게 되는 것이다.

늘 시간에 쫓기는 사람에게 시간을 지키는 습관을 기르는 방법은 의외로 간단한 데서부터 시작된다. 시간을 지키는 습관의 첫 단계는 나쁜 습관을 버리는 것에서부터 시작한다. 늦잠을 자거나 지각하는 이 모든 것은 습관에서 비롯된다.

그중에서도 시간을 갉아먹는 가장 무서운 습관은 바로 '미루기'

다. 미국인 5명 중 1명은 자신을 만성적인 미루기 환자로 여긴다고 한다. 성인 중 20%가 만성적인 미루기 환자라는 연구 결과도 있다. 우리나라의 상황도 별반 다르지 않다. 한 취업 포털 사이트에서 직장인 259명을 대상으로 미루기에 대해 조사한 결과, '헬스나 요가, 수영 등을 등록해 놓고 안 가기'가 46.3%로 1위를 차지했다. 그밖에는 '아침에 5분 더 자려다 택시 타고 출근하기', '기안서 작성 미루다 마감일 놓치기' 등이 있었다. 학자들은 부정적인 결과로 이어질 것을 뻔히 알면서도 자발적으로 할 일을 미루는 것을 미루기라 정의한다. 장기적인 대가가 있을 거란 걸 알면서도 그것을 감수해 가며 단기적인 만족을 추구하는 것이다. '나중에', '이따가', '내일 해야지'라는 생각과 말들이 내 시간을 뺏는 짓도 모자라 내 미래까지 불투명하게 만들고 있다. 그렇게 계속 미루다가는 어떤 결과가 나를 맞이할지 모른다.

하루 중 타인에게 방해받지 않는 가장 좋은 시간대는 언제일까? 바로 아침이다. 일찍 일어날수록 내게 주어진 혼자만의 시간은 늘어나고 그만큼의 여유도 생긴다. 이 글을 읽자마자 드는 생각이 '야근을 밥 먹듯 해서 아침이 피곤하다.'라면 가슴에 손을 얹고 생각해 보자. 야근 때문에 피곤한 것인지, 저녁 시간을 제대로 활용하지 못해 피곤이 쌓인 것인지.

퇴근해서 가장 많이 하는 일이 무엇인지 적어보자. TV 시청? 모바일 게임? SNS? 동네 친구와의 치맥? 이것이 일 때문에 녹초가 된 몸과 머리에 쉼을 준 것일까? 일찍 일어나는 습관을 기르기 위해서는 일찍 자는 습관을 먼저 시작해야 한다. 자신이 가지고 있는 수면 방해 습관을 버리고 일찍 일어나는 습관을 시작하자. 늦잠을 즐기는 저녁형 인간이 하루를 일찍 시작하는 아침형 인간에 비해 심뇌혈관 질환에 걸릴 위험이 크다는 연구 결과도 있다《임상시질학저널》.

하루 30분만 일찍 일어나도 1년 후에는 약 1주일의 시간을 벌게 된다. 자는 시간을 제외한다면 더 많은 기간이 될 것이다. 하루 중 일의 능률이 가장 좋은 시간은 아침 시간이다. 뇌도 몸과 마찬가지로 사용할수록 지치고 피로가 쌓이기 때문이다. 아침 30분의 독서가, 복근 운동이, 영어 공부가 좀 더 나은 미래를 만들어 줄 것은 분명하다.

목표가 많은 사람일수록 성공하기 어렵다는 연구 결과가 있다. 예일 대학교 에이미 브제스니에프스키(Amy Wrzesniewski) 교수가 14년에 걸쳐 육군 사관학교 사관후보생 1만 명을 조사한 결과 '내부 동기가 강한 사람이라도 수단적 동기가 많으면 장교가 되는 확률이 20%나 내려갔다.'고 한다. 내부 동기란 하고자 하는 의욕을 의미하고 수단적 동기란 구체적인 목표를 의미한다. '의욕과 열정만 있어서는 안 된다.', '꿈은 많을수록 좋다.'라는 보통의 생각들에 정반대의 결과가 나온 것이다. 왜일까? 여러 가지 목표를 두고 고민하기보다는 한 가지 목표를 정확히, 확실히, 구체적으로 계획을 세워 이뤄 나갈 때 한 단계씩 앞으로 성장할 수 있다. 목표를 이루기 위해서는 선택과 집중이 필요하다.

이탈리아의 경제학자이자 사회학자인 빌프레도 파레토(Vilfredo Pareto)가 발견한 '파레토 법칙(Pareto's Law)'은 '2080 법칙(20-80 Rule)'이라고도 불린다. 이 법칙의 핵심은 상위 20%가 나머지 80%를 주도한다는 것인데 우리 주변에서 흔히 발견할 수 있다.

- 20%의 범죄자가 전체 범죄의 80%를 저지르고 있다.
- 전체 부의 80%는 상위 20%의 사람이 소유하고 있다.
- 즐겨 입는 옷의 80%는 옷장에 걸린 20%에 불과하다.
- 백화점 고객 상위 20%가 전체 매출의 80%를 차지한다.
- 성과의 80%는 근무 시간 중 가장 집중한 20%의 시간에 나오는 것이다.

우리가 주목할 점은 '20%의 집중'이다. 책상에 앉아만 있다고 해서 공부하는 것이 아니다. 얼마나 집중하느냐가 공부의 질을 만들어 준다. 일도 마찬가지다. 흘러가는 대로 목표 없이 일하다 보면 자신의 행동에 80%는 쓸데없는 곳에 시간을 쓰게 된다. 근무 시간 중 내가 집중할 20%를 어디에 쓸 것인지부터 목표를 세워 보자.

목표를 세울 때 흔히 쓰이는 법칙이 있다. 바로 'SMART 법칙'이다.

- Specific (구체적으로)
- Measurable (측정할 수 있는)
- Achievable (이룰 수 있는)
- Realistic (현실적인)
- Time-limited (마감 기한을 정한)

목표는 구체적일수록 성공 확률이 높아진다. 그 속에 해야 할 것들을 하나씩 이뤄나갈 때마다 작은 성취감이 생기기 때문이다. 스포츠맨들이 승리했을 때 성취감을 느끼는 것처럼 구체적인 작은 계획들을 하나씩 해결해 나갈 때마다 목표에 가까워지고 있다는 느낌을 받아 자신감이 뒷받침되면 일의 능률은 더 오른다. 고생 끝에 낙이 온다. 작은 고생들을 하나씩 빠르게 처리해 나가면서 매 순간 '낙'을 만끽하며 목표에 다가가 보자. 과정마저 즐거운 목표 달성이 될 것이다.

'나는 부자가 될 거야.'라는 목표는 언제 부자가 될 수 있을지 알 수 없을 뿐만 아니라 현실 가능성도 불투명해 보인다. 하지만 '하루에 5,000원씩 모아서 5년 뒤에는 1,000만 원을 만들어야지.'라는 목표는 구체적인 액수와 5년 뒤라는 목표 기한이 있다. 확실한 계산에 의한 현실 가능성도 보여준다. '하루에 30분씩 운동을 해야지.'가 아닌 '하루에 복근 운동 15개씩 3세트를 6개월간 해야지.', '토익 900점을 맞아야지.'가 아닌 '하루에 영어 단어 50개씩 3개월간 외워야지.'처럼 하루 단위나 시간 단위로 쪼개 최대한 구체적으로 계획을 짠 뒤 확실한 마감 기한을 만들어야 한다.

목표를 달성함에 있어서 마감 기한은 매우 중요하다. 마감 기한을 설정하는 순간 우리의 집중력과 달성률은 훨씬 더 높아진다. 영국의 경제사회 연구회에서는 연구제안서를 제출하는 연구자들에게 매해 지원금을 준다. 한 해에는 제출 기한을 없애고 연중 수시로 제안서를 받은 적이 있었는데 이렇게 기한을 없애자 제안서 제출률이 20%나 떨어졌다고 한다.

심리학자 아모스 트버스키(Amos Tversky)와 엘다 샤퍼(Eldar Shafir)는 대학생들에게 설문지를 작성해 오면 5달러를 보상으로 주겠다고 말했다. 한 그룹에게는 마감 기한을 주지 않았고, 다른 한 그룹에게는 5일이라는 마감 기한을 정해줬다. 그 결과, 마감 기한을 설정하지 않은 대학생들은 25%만이 설문지를 작성했고, 마감 기한을 정해준 대학생들은 무려 66%나 설문지를 작성했다. 두 연구 모두 마감 기한의 효과를 잘 보여준다.

마감 기한은 영어로 데드라인(Deadline)이며 '더 이상은 넘어갈 수 없는 최종적인 한계'라는 뜻이다. 이 한계는 온 신경을 내 목표에 집중할 수 있게 만들어 준다. 너무 촉박한 기한은 마음을 조급하게 만들고, 여유가 넘치는 기한은 내 몸과 마음을 느슨하게 만들기 마련이다. 목표에 맞게 잘 설정한 마감 기한으로 내 목표에 온전히 집중할 수 있는 시간을 가져 보자.

기억보다는 기록을, 부정보다는 긍정을 믿자

아인슈타인을 인터뷰하던 기자가 전화번호를 물었다. 그때 아인슈타인은 수첩을 꺼내 들었다. 기자는 놀라며 물었다.

"집 전화번호를 기억하지 못하시는 건 아니죠?"

아인슈타인은 이렇게 대답했다.

"적어 두면 쉽게 찾을 수 있는데 무엇하러 머릿속에 넣어 둬야 합니까?"

《메모의 기술》의 저자 사카토 켄지는 "기록하고 잊어라, 안심하고 잊을 수 있는 기쁨을 만끽하면서 항상 머리를 창의적으로 쓰는 사람은 성공한다."라고 말한다. 천재 예술가 레오나르도 다 빈치(Leonardo da Vinci), 아이작 뉴턴(Isaac Newton), 이순신 장군, 발명왕 에디슨, 에이브러햄 링컨 대통령 등 이름만 들어도 알 만한 이들 모두 메모의 중요성을 알고 실천한 사람들이다.

메모하면 실수도 줄어든다. '설마 잊어버리겠어?'라고 생각하는 것들이 시간이 지나고 기억나지 않아 난감했던 경험이 한 번쯤은 있을 것이다. 그때 메모해 두었다면 어땠을까? 특히 창의적인 생각은 대부분 순간적으로 떠올랐다가 사라지기 때문에 그 순간 메모해 두지 않으면 없었던 기억과 같다.

어디에 쓰는 것이 중요한 것이 아니다. 남겨두는 것이 중요하다. 내가 언제든 기억나지 않으면 볼 수 있게 어디든 적어두는 습관을 기르도록 하자. 습관이 된 뒤에 체계를 갖춰도 늦지 않다.

사람의 언어는 그 사람의 행동을 지배한다. 윌리엄 제임스(William James)는 생각이 바뀌면 행동이 바뀌고, 행동이 바뀌면 습관이 바뀌고, 습관은 성격을, 성격은 인생을 바꾼다고 말했다. 입에 '귀찮아'라는 말을 달고 사는 사람치고 진짜 일 많이 하는 사람 못 봤고, '바쁘다'라는 말을 달고 사는 사람치고 여유 있는 사람도 못 봤다. 정말 바쁜 사람은 그런 말 할 시간도 없다. 자신의 잘못된 습관과 언행이 스스로를 바쁘게 만들고 있는 건 아닌지 생각해 볼 때다.

부정적으로 생각하고 같은 말도 부정적으로 말하는 습관만 고쳐도 하루가 덜 피곤해질 것이다. 이영표 전 축구 국가대표 선수는 자신이 쓴 책에 이렇게 말했다.

"우리가 좌절하는 이유는 할 수 없는 엄청난 일을 만났기 때문이 아니라, 오늘 할 수 있는 작은 일을 하지 않았기 때문이다."

아직도 이런저런 핑계를 대면서 일을 미루고 싶은가? 성공한 사람에게는 방법이 보이고 실패한 사람에게는 핑계가 보인다고 했다. 매력적인 삶을 꿈꾸고 있는 당신은 과연, 전자의 삶을 살 것인가, 후자의 삶을 살 것인가?

책상, 방의 청소 상태가
곧 그 사람의 정신 상태

지금 당신이 있는 공간의 청소 상태는 어떠한가? 깔끔하게 정돈이 되어 있는가? 아니면 지저분한 상태인가? 현재 당신이 있는 공간의 청소 상태가 곧 당신의 정신 상태라면 어떠한가? '도요타'의 정리는 '비우기'다. 도요타에서는 책상 위가 지저분한 사람은 일도 못하는 사람이라 생각한다. 그래서 퇴근할 때는 책상 위에 아무것도 남아 있지 않도록 한다. '언젠가 필요할지 몰라.'라는 생각은 '모든 악의 근원'으로 여길 정도다. 필요 없는 것을 계속 가지고 가는 것이 더 아까운 일이라고 생각하기에 과감하게 버리는 것이다.

이런 도요타의 정리 원칙은 세 가지로 요약할 수 있다.

첫째, 필요 없는 것은 버린다.
둘째, 필요한 것은 정돈한다.
셋째, 가지런히 놓는 것은 단지 '정렬'에 불과하다.

언젠가 쓸지도 모를 필요 없는 것이 책상 한가득 정렬돼 있지는 않은가? 정리 컨설턴트가 지도한 한 기업은 사무실 물건의 80%를 버린 뒤 직원들의 작업 시간이 45% 감소했다는 이야기도 있다. 내 몸이 타 들어가는 시간을 45%나 줄일 수 있다면 지금 당장 정리를 시작해야 하지 않을까?

공부하기 전 책상 정리만으로 한 시간을 버렸던 사람이라면 지금도 그 버릇을 고치지 못했을 것이다. 버리지 않고 정렬해 둔 뒤, 사용한 물건을 제자리에 두지 않기 때문이다. 정리해야 된다고 했지 정렬하는 데 시간을 버리라고 하지는 않았다. 한 번의 제대로 된 정리 후에는 꼭 그대로 그 자리에 가져다 놓는 습관을 들이자. 다음에 사용할 때 찾는 시간, 널브러진 물건들을 정리할 시간까지 벌 수 있다.

1분의 계획으로
5분을 아끼는 루틴 만들기

출장이 잡혔다. 오늘 돌아야 할 지사는 총 세 곳이다. 계획 없이 전달받은 순서대로 무작정 출발한 A 사원과 동선을 생각해 가장 가까운 곳을 먼저 들른 뒤 점심시간을 사용해 이동해서 버리는 시간이 없도록 이동 순서를 짠 B 사원 중 누가 더 시간을 절약할 수 있을까? 유비무환(有備無患), 준비가 있으면 근심이 없다 했다. 남보다 넉넉한 시간에 해야 할 일을 마무리할 수 있으니 여유롭기 그지없을 것이다.

실제로 한 연구 결과에 따르면 1분의 계획으로 5분을 아낄 수 있다고 한다. 계획을 세울 때는 '우선순위'를 정하는 게 가장 중요하다. 한 번에 한 가지, 한 사람, 한 곳에 집중해서 순서를 정해 일을 처리해 나가야 한다. 드라마 〈태양의 후예〉 덕분에 유명해진 도미니크 장 라레(Dominique-Jean Larrey)의 환자 분류법, 트리아주(triage) 분류법을 응용해 보자.

  1순위: 지금 치료하면 살릴 수 있는 사람
  2순위: 지금 즉시 치료를 안 해도 되는 사람
  3순위: 지금 치료해도 늦은 사람

응용 버전은 아이젠하워 법칙(The Eisenhower Method)으로 확인해 보자. 아이젠하워가 대통령 재임 시절 실제 사용한 일 처리 순서 방법이다.

1순위: 긴급하면서도 중요한 일
2순위: 긴급하지 않지만 중요한 일
3순위: 긴급하지만 중요하지 않은 일
4순위: 긴급하지도 중요하지도 않은 일

아이젠하워는 제일 먼저 1순위를 처리하고 3순위는 다른 사람에게 위임했다. 중요하지도 급하지도 않은 4순위는 과감히 버렸고, 1순위를 처리한 뒤 중요한 2순위를 차순으로 처리했다. 2순위는 긴급하지 않았기 때문에 비교적 여유롭게 처리할 수 있었고 그 덕분에 많은 일이 몰리더라도 허둥대는 법 없이 늘 여유를 갖고 즐겁게 일했다고 한다. 그의 책상 옆 4개의 서랍 역시 우선순위에 맞춰 서류가 정리돼 있었다.

아이젠하워의 법칙에서 배울 점은 하나 더 있다. 모든 일을 직접 처리하려 하지 않고 다른 사람의 도움을 받는다는 것이다. 계획에도 요령이 필요하다. 제대로 된 계획을 세웠다면 다른 사람에게 손을 뻗을 용기를 내 보자.

당신은 참 매력 있는 사람입니다

에필로그

'손이드머'라는 말을 들어 본 적이 있는가?

한번은 헤어디자이너들을 대상으로 특강을 진행할 때 아주 흥미로운 이야기를 들었다. 많은 이들이 미용실에 갈 때 연예인 사진을 들고 가서 "이렇게 해주세요."라고 요청한다는 것이다. 하지만 헤어디자이너가 그 사진을 보고 나서 해줄 수 있는 말은 "손님, 이건 드라이한 머리입니다."라는 것이다. '손이드머'는 바로 '손님, 이건 드라이한 머리입니다.'의 준말이었다.

영화나 드라마를 보게 되면 주인공들의 깔끔한 이미지와 뭔가 완벽해 보이는 언행들이 아주 매력적으로 다가올 때가 있다. 그러나 우리는 알아야 한다. '손이드머'처럼 우아하고 예뻐 보이는 사진 속 머리 모양도 헝클어진 머리를 몇 번이고 매만져서 만들어졌듯이, 화면 속에 보이는 배우들의 매력적인 모습도 수많은 연습과 리허설을 통해 완벽해졌다는 것을 말이다.

이 책을 통해 자신의 '매력'을 정확히 알고 또 제대로 사용하는 방법을 알았다면 이제는 행동으로 옮겨야 한다. 물론 처음에는 어색할 수도 있고, 혹은 민망하다는 이유로 몇 번 시도하다가 그만둘 수도 있다. 포기하지 말고 다시 연습하고 또 행동으로 옮겨야 한다. 연습을 거듭해 본인의 것으로 만들어야 한다. 리허설을 수없이 하고(수없이 리허설을 했다고 NG를 내지 않는 것은 아니다) 촬영 도중에 NG를 냈다고 남은 촬영을 뒤로하고 집으로 가는 배우는 없다.

매력이 되는 요소들은 조화를 이룰 때 그 힘이 세진다. 조화로운 매력 발산을 위해서는 조각조각 흩어져있는 자기 자신만의 매력 퍼즐을 잘 맞춰야 한다. 손발이 척척 맞아야 일이 잘 풀리듯 매력도 각각의 요소들이 박자가 잘 맞아야 한다. 그러기 위해서는 연습이 필요하다. 처음에는 어색할 수 있겠지만 계속해서 반복하고 꾸준히 노력한다면 어느 순간 아주 자연스러우면서도 더 멋지고 매력적인 자신이 되어 있을 것이다. 아는 게 힘이 아니고 아는 것을 행동했을 때 진정한 힘이 된다고 하지 않던가.

사소하지만 강력한 힘을 발휘하는 행동과 말투 때문에 자신의 무한한 매력이 삭감된다면 이 얼마나 억울할까. 몰랐다면 몰라도 이 책을 다 읽은 당신이라면 이제라도 행동으로 옮겨서 매력적인 사람, 매력 덩어리가 되었으면 한다.

참고문헌

고영성, 신영준, 『완벽한 공부법』, 로크미디어, 2017
문보영, 『국제예절』, 대왕사, 2009
임문수, 『사람의 마음을 읽는 시간 0.2초』, 나비의 활주로, 2015
정경일, 『브랜드 네이밍』, 커뮤니케이션북스, 2014

가토 유지, 『도요타, 다섯 번의 질문』, 예문아카이브, 2020
래리 바커, 키티 왓슨, 『경청의 힘』, 이아소, 2013
마이클 니클스, 『듣는 것만으로 마음을 얻는다』, 한국경제신문사, 2016
스티븐 코비, 숀 코비, 『성공하는 사람들의 7가지 습관』, 김영사, 2021
앨런피즈, 바바라 피즈, 『보디랭귀지』, 흐름출판, 2012
요시다 다카요시, 『제대로 화내면 인생이 편해진다』, 한국경제신문사, 2019
윌리엄 너스, 『심리학, 미루는 습관을 바꾸다』, 갈매나무, 2014
이케가야 유지, 『세상에서 가장 재미있는 63가지 심리실험』, 사람과나무사이, 2018
조 내버로, 마빈 칼린스, 『FBI행동의 심리학』, 리더스북
캐서린 하킴, 『매력자본』, 민음사, 2013
토니야 레이맨, 『몸짓의 심리학』, 21세기북스, 2011
피터 몬토야, 『퍼스널 브랜딩 신드롬』, 바이북스, 2009
호조 구미코, 『일 잘하는 사람의 공통점은 매너에 있다』, 넥서스BIZ, 2016

Maxwell Strachan, 「자살 주검 영상에 따른 논란은 유튜브의 생태계를 보여준다」, 허프포스트US의 'How Logan Paul's Suicide Video Explains The Chain Reaction Economy Of YouTube'를 번역, 편집, HuffPost, 2018-01-04, https://www.huffingtonpost.kr/2018/01/04/story_n_18931482.html

공종식, 「"사과도 타이밍이 중요"…성공한 사과 vs 실패한 사과」, 동아일보, 2006-04-25, https://www.donga.com/news/article/all/20060425/8299632/1

김수진, 「라이프스타일 사업의 원조, 사마 스튜어트의 성공 비결」, businesspost, 2015.01.31., http://www.businesspost.co.kr/BP?command=mobile_view&num=8870

김청연, 「메모의 힘? 공부의 힘!」, 한겨레, 2011-02-14, https://www.hani.co.kr/arti/society/schooling/463274.html

뉴시스, 「자살시도 주된 원인은 생활고 아닌 우울증, 대인관계」, 전북중앙, 2014-04-01, http://www.jjn.co.kr/news/articleView.html?idxno=616259

송영조, 「직장인 병 1위는 '화병'···10명 중 8명 "건강 문제 있다"」, jobsN, 2019-08-05, https://post.naver.com/viewer/postView.nhn?volumeNo=23186460&memberNo=27908841&vType=VERTICAL

양지호, 「잠 못 이루는 한국, 불면증 10년 새 두 배」, 조선일보, 2020-06-24, https://www.chosun.com/site/data/html_dir/2020/06/24/2020062400121.html

온라인 중앙일보, 「낮잠이 심장병 예방 효과 있는 것으로 밝혀져… 낮잠 다른 효과 알아 보니 대박」, 중앙일보, 2015-04-26, https://www.joongang.co.kr/article/17673250

유정수, 「직장인 10명 중 1명 자살 시도…이유는 '상사 괴롭힘'」, 스냅타임, 2018-12-07, http://snaptime.edaily.co.kr/2018/12/%EC%A7%81%EC%9E%A5%EC%9D%B8-10%EB%AA%85-%EC%A4%91-1%EB%AA%85-%EC%9E%90%EC%82%B4-%EC%8B%9C%EB%8F%84%EC%9D%B4%EC%9C%A0%EB%8A%94-%EC%83%81%EC%82%AC-%EA%B4%B4%EB%A1%AD%ED%9E%98/

이순혁, 「카톡 답장 9분 안에 없으면 그는 당신에게 관심이 없다」, 한겨레, 2013-03-20, https://www.hani.co.kr/arti/economy/it/578864.html

이현정, 「'서울시 낮잠 1시간 인정', 낮잠 자면 뭐가 좋길래?」, 헬스조선, 2014-07-17, https://health.chosun.com/site/data/html_dir/2014/07/17/2014071702132.html

장세훈, 「일상에선 "오른쪽 상석"이 원칙」, 서울신문, 2013-09-07, https://www.seoul.co.kr/news/newsView.php?id=20130907014004

최성훈, 「초등·중등교사 27%, 코로나19 시기 '화병' 겪어」, 한의약뉴스, 2021-01-06, https://blog.naver.com/seouloma/222198086792

김수란, 「대학 수업에서 학습자의 질문 과정 및 질문 저해요인과 고차적 사고 간의 구조적 관계」, 숙명여자대학교 박사학위논문, 2014

김용숙, 「학교 예절 교육의 실태와 활성화 방안에 대한 연구」, 성균관대학교 석사학위논문, 2005

김정남, 「한국인의 인사예절 표준화 방안 연구」, 동국대학교 석사학원논문, 2016

김정아, 「문화간 비즈니스 커뮤니케이션 훈련내용 개발을 위한 기초연구」, 이화여자대학교 석사청구논문, 2002

박소희, 「학습자의 자기주도성 수준에 따른 교사질문 생성과 학생질문 생성이 학업성취에 미치는 영향」, 한국교원대학교 석사학위논문, 2009

백미숙, 「공감적 경청의 자세와 주요 기술」, : 2006, vol.1, 대한의료커뮤니케이션학회, 2006.

조용길, 「직장인 대화에서 관계적 사고와 경청」, 독어교육 제65집, 한국독어독문학교육학회, 2016

최은주, 채송화, 이계훈, 오세진, 「긍정적-긍정적 피드백과 긍정적-부정적 피드백의 제공이 피드백 수용자의 수행과 정서에 미치는 영향」, 한국심리학회 연차학술발표 논문집 2014년 제1호, 한국심리학회, 2014

하혜숙, 「질문 생성 전략을 통한 능동적 읽기 교육 방안 연구」, 한국외국어대학교, 2020

한국은, 류춘렬, 「관리자의 경청 유형이 부하 직원의 신뢰와 수용에 미치는 영향」, 스피치와 커뮤니케이션 22권0호, 한국소통학회, 2013

한국은, 원상복, 「중소기업 학습리더의 경청 유형에 관한 연구」, 한국직업교육학회, 한국기술교육대학교, 2009

당신은 참 매력 있는 사람입니다

매력 있는 사람이 되고픈 이들을 위한

매력, 스며든다

초판 1쇄 인쇄	2022년 01월 24일
초판 1쇄 발행	2022년 02월 04일
지은이	한수정 · 심희재 · 김진영
펴낸이	박남균
펴낸곳	북앤미디어 디엔터
등록	2019.7.8. 제2019-000090호
주소	서울시 영등포구 국회대로 675, 9층
전화	02)2038-2447
팩스	070)7500-7927
홈페이지	the-enter.com
책임	박남균
북디자인	디엔터콘텐츠랩
편집이사	김혜숙
편집	박희라
해외출판	이재덕

ⓒ 한수정 · 심희재 · 김진영, 2022, Printed in R.O.Korea
이 책은 신저작권법에 의해 보호를 받는 저작물입니다. 저자와 북앤미디어 디엔터의 서면 허락 없이 내용의 일부를 인용하거나 발췌하는 것을 금합니다.
제본, 인쇄가 잘못되거나 파손된 책은 구매하신 곳에서 교환해 드립니다.

ISBN 979-11-977707-0-8 (03190)
정가 15,000원